二体とも同じ「五劫思惟阿弥陀仏像」。
衆生を救わんと四十八願を立て、果てしない時間、ただひたすら思惟をこらし……一方はガリガリにやせ細り（愛知県・應仁寺）、
もう一方は巨大なアフロヘアに（東京都・淨眞寺）。

人々の祈り、信じる心が造り出したイマジネーションの極致！

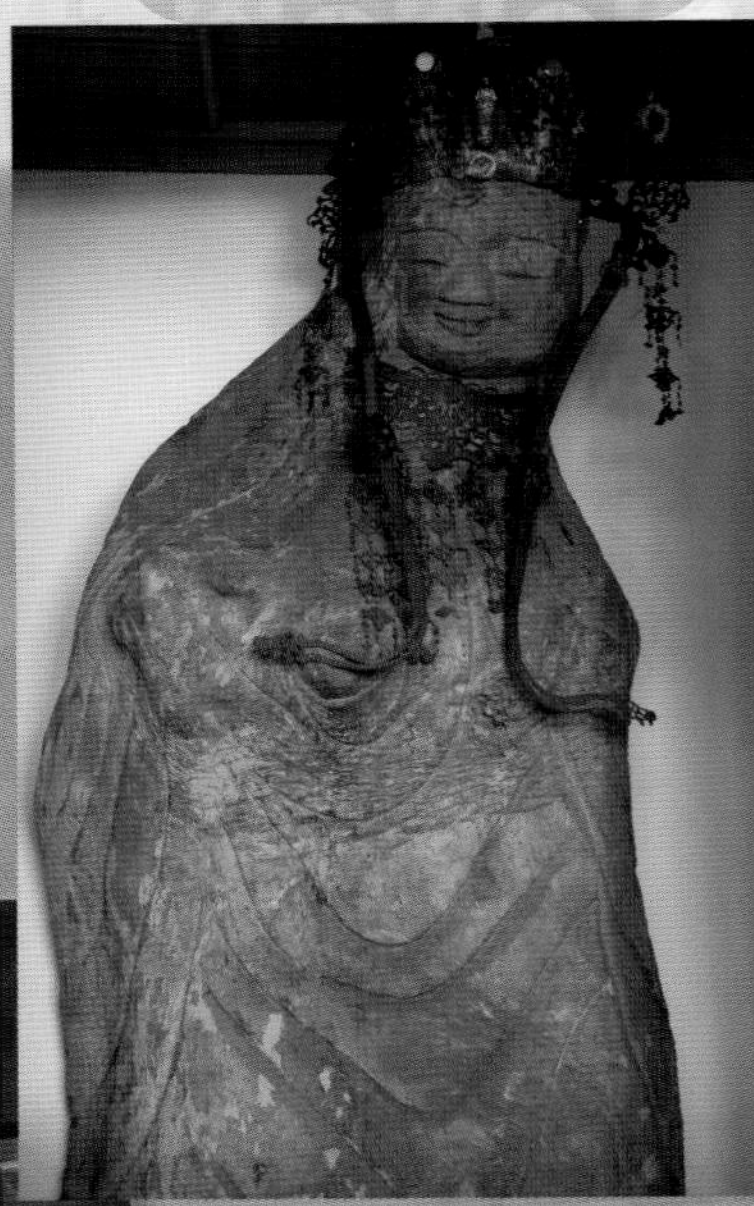

仏像は本来、「不朽の法」
を体現したものだが、
ときに、見たことのない容貌や
特別な教えや伝承に
基づくモチーフ、あるいは
定番の像容から逸脱した
神仏像と出会う——

（右／「観音菩薩立像」静岡県・浄名寺）
（左上／「六臂地蔵像」京都府・智恵光院）
（左下／「摩耶夫人像」石川県・全性寺）

怪仏異神ミステリー

本田不二雄

三笠書房

はじめに――不思議に満ちた仏像、神像……
その秘密に迫る！

神や仏のお姿をはじめて目の前にしたとき、人々は何を思っただろうか。

ふと、そんなことを考える。

仏像が最初に日本に伝わったとき、第二十九代欽明（きんめい）天皇は「この仏の姿は実にキラギラしく、まったく見たことのないものだ」（『日本書紀』「欽明紀」より意訳）と驚きの声をあげたという。西暦五五二年のことである。

「キラギラし」とは、光り輝く、端正で、威厳があるといった意味だが、ともあれ、はじめての仏像体験にただただ驚き、感嘆したことが伝わってくる。

当然だろう。当時、ホトケは隣国の神（蕃神（ばんしん））とみなされたが、日本では古来、神の像をあらわすようなことをしてこなかったからだ。

日本人にとってカミとはもっぱら神罰（祟り）を下す存在であり、「隠れ身＝カミ」だった。だからこそ、畏れ崇められる存在だったといえる。

しかし、仏教伝来でたくさんの仏像がもたらされ、やがて日本人みずから仏像を造顕するようになり、それに影響されて神々の像も造られていく。


もとより、仏像は、経典や儀軌と呼ばれるテキスト、あるいは粉本（下絵）などに細かいディテールが指定されており、オリジナルの余地がないものだ。もちろん、仏師（作者）によって、あるいは時代によって多少の差や巧拙はあるものの、そのお姿は定まっている。

ところが、ときに見たことのない神仏像を〝発見〟することがある。

それは、希少な、珍しい像容の場合もあれば、類例がまったく知られていない場合もある。または、特別な教えにもとづくものや、特別な伝承に由来するものだったりもする。あるいは、カミやホトケであるかどうかも不明な、存在そのものが謎のお姿であったりもする。
ここでいう**「怪仏・異神」とは、そんな謎めいた存在**である。われわれに衝撃の出会いをもたらしてくれる神仏像群といってもいい。
本書は**「神仏探偵」**として、全国の神仏方面の「ただならぬモノ」を発見・探索することを歓びとしている筆者が、これまでに出会った不思議に満ちた「仏像・神像」を紹介する一冊だ。
それぞれ、そのお姿でなくてはならない深い意味が秘められているのだが、まずは、これら「ただならぬお像」とのはじめての出会いを体験していただきたい。

神仏探偵　本田不二雄

◎もくじ

1章 見れば見るほど謎めく「不思議な御尊体」

……なぜ、そんなお姿でそこに祀られているのか

2章

日本人にもっとも愛された観音さんの「思いもよらぬ姿」

……見る者を圧倒する、その存在感！

3章

いかにして「異形の神」は生み出されたのか？

……〝ミステリアスな像〟が語りかけてくること

4章

人間が神として祀られる世界

……「生き仏」と「生き神」があらわす異相

5章

究極の救済者――「阿弥陀仏」と「地蔵菩薩」

……〝ありえないお姿〟に秘められた慈悲と救いとは

6章

日本で「変身を遂げた」天部の神々
……人々の信仰と願いが造り上げた変相像

1章

見れば見るほど謎めく「不思議な御尊体」

……なぜ、そんなお姿でそこに祀られているのか

なぜそんなお姿なのか。
なぜそんなお姿でなくてはならなかったのか。
そんな像がなぜそこに祀られているのか。

本書は、知られざる神や仏の像を追い求め、取材した記録である。しかも、収録しているのは尋常ならざる容貌、モチーフの像ばかりだ。

いうまでもないが、仏像の多くは、経典や儀軌と呼ばれる修行テキストに記され、描かれた手本をもとに造作される。したがって誰が造っても阿弥陀さんは阿弥陀さん、不動明王は不動明王の姿をしている。

基本的に、その像容は不朽の法を体現する存在であり、仏師のクリエイティヴィティに委ねられることはない。

しかし、ときに**定番の容貌から逸脱した神仏像**があらわれる。それは、作者が感得した特異なヴィジョンによるものであったり、歴史的な経緯によってやむをえずそうなってしまったりと、さまざまな要因があっただろう。

あるいは、そのような姿でなくては収まりのつかない何かが、その時代に横たわっていたのかもしれない。

仏像や神像を探索していく過程で、そんな像とふいに出会ってしまう。多少の見聞で頭に入っていた小賢(こざか)しい知識が何の役にも立たなくなる瞬間が訪れるのだ。

頭の中でどうにも収まりのつかないものとの出会いは、困惑をもたらすものでしかないが、同時に、沸(わ)き立つような好奇心を刺激する存在である。こんなものだろうという、予定調和を突き崩してくれる天晴(あっぱ)れな存在でもある。

まずは、神や仏のカテゴリーを無化、超越してしまったかのごとき**「何なんだこれは」**的な像から拝観していきたい。そして、筆者が得た唐突にして刺激的な出会いを共有していただけたらと思う。

衝撃的！「ブッダ聖誕の瞬間」をリアルに表現

摩耶夫人像（石川県金沢市・全性寺蔵）

聖者は、その誕生から尋常なものではなかったようだ。

釈迦（しゃか）＝ブッダの伝記は、彼が産まれ落ちるときの様子をこう伝えている。

――マーヤー（摩耶夫人（まやぶにん））は、六本の牙（きば）をもつ白象（びゃくぞう）が胎内に入る夢を見てその子を身ごもった。そして出産のために故郷に帰る途中、ルンビニー村の花園で、無憂樹（むゆうじゅ）に咲く花を手折（たお）ろうと手を伸ばしたとき、にわかに産気づき、右脇からシッダールタ（釈迦）を産んだ。


石川県金沢市の全性寺（ぜんしょうじ）。「史料が残っていないため、いつ誰が造らせたのかもわからないんですが」と言いつつ、住職は摩耶夫人像の前に筆者を誘(いざな)った。
　まさに〝その瞬間〟だった。

女神像の右脇から、赤子がダイブするように滑り落ちている。仏伝の記述どおりといえばそうだが、実際に目(ま)の当たりにするとやはり驚きが先に立つ。

　伝えによれば、あたかも苦もなく産み落としたようにも読め、摩耶夫人は泰然(たいぜん)と遠く前を見据(みす)えている。どこかしら女神然とした厳(おごそ)かさをも感じさせるのは、見上げる位置から拝しているからだけではないだろう。

　とりわけ、その手に注目したい。左手は多くの釈迦如来立像(にょらいりゅうぞう)と同じく与願印(よがんいん)（願いを聞き届けようというサイン）で、右手は第二指で天を指している。これは**誕生仏と呼ばれる降誕(ごうたん)直後の釈迦像と同じポーズ**で、さながら、降誕した釈迦に代わって、みずからを「世の最勝者(さいしょうじゃ)である」と宣言しているかのようだ。

　これはきわめて特異な像容のようだが、冒頭の逸話は古くから知られており、同様のモチーフの像もいくつか知られている。平安時代はじめ、入唐(にっとう)した空海(くうかい)が譲り受けて日本に請来したという摩耶夫人像（京都市・福田寺蔵）もそのひとつで、こんな縁起譚も伝わっている。

――中国の皇帝・梁の武帝は、難産で苦しみ死亡する女性や発育不全で亡くなる乳幼児が多いことを嘆き、これらの民を救うべくみずから摩耶夫人像を二体刻み、一体はみずから礼拝し、もう一体は国民に下した。すると以後、女性の苦しみは断たれたという。


その像を最初に奉安したという神戸市の忉利天上寺は、「摩耶夫人（釈迦生母）を本尊とする日本唯一の寺」を謳っている。逆にいえば、ほかになかったわけで、これまで安産のホトケとして拝まれてこなかったほうが不思議に思える。

では、仏教の「聖母信仰」はなぜ発展しなかったのか。

あえて理由を探せば、寺院仏教が、母親や女性の存在を遠ざけることで成り立ってきたからだろう。このため古来の母神信仰は抑圧され、そのエッセンスは吉祥天や訶梨帝母（鬼子母神）、観音菩薩へと仮託されていったと考えられる。

石川県金沢市の全性寺の本堂に安置されている摩耶夫人像。
右腕からスルリとシッダールタ（のちのブッダ）を産み出している

産まれ出たシッダールタは、すでにパーマのような螺髪（らほつ）や福耳といったブッダの相好（そうごう）を具（そな）えている

しかし、熱烈な信仰者はいた。たとえば作家の泉鏡花である。

鏡花は九歳のとき母を亡くし、このとき負った深い心の疵と欠落感が、のちの鏡花文学のテーマになったといわれる。

そんな彼は、少年時代に摩耶夫人像と出会い、そこに聖なる母と、母と子の特別な関係を見出して深く癒やされたという。

そんな鏡花の母方の菩提寺が、ほかならぬ先の全性寺だったのである。

鏡花が書いた『夫人利生記』という小説は、関東大震災の数カ月後、金沢に帰郷した鏡花があらためて摩耶夫人を詣で、みずからの念持仏として摩耶夫人像を造らせたときの実話にもとづく作品である。

そのなかに「赤門寺」(全性寺)が登場し、住職にこんなことを言わせている。

「――相好説法――と申して、それぞれの備ったおん方は、ただお顔を見たばかりで、心も、身も、命も、信心が起るのじゃと申されます。――わけて、御女体、それはもう、端麗微妙の御面相でなければあいなりません」

全性寺の摩耶夫人像は、まさにそんなお姿であった。

「グルグル巻き」に秘められた呪術と御利益

しばられ地蔵（東京都葛飾区・南蔵院蔵）

人情味溢れる「大岡裁き」で人気を博した講談話のひとつに、**「しばられ地蔵」**がある。

享保（十八世紀前半）の頃、江戸・日本橋の呉服問屋の手代が、南蔵院の境内でうっかり居眠りする間に荷車ごと反物を盗まれてしまった。捜査にあたった南町奉行・大岡越前守忠相は、「寺の門前に立ちながら泥棒の所業を見過ごすとは、地蔵も同罪」と、地蔵をグルグル巻きに捕縛し、奉行所にしょっ引いた。

そこへ物見高い野次馬が押し寄せたところで、越前守は奉行所の門を閉めさせ「お白州に乱入とは不届至極、罰として反物一反の科料を申し付ける」と一声。

堂外に置かれた「しばられ地蔵」のすぐ脇に願掛けの縄（1本100円）がある。毎年大みそかの夜に「解き供養」が行なわれる

その日のうちに反物の山となり、その反物から得た手がかりにより、お江戸を荒らした盗賊団が一網打尽となったという。

このため、この地蔵尊は盗難除け、（盗人の）足止め、厄除けなどに霊験ありとされている。

ただ、本来「しばられ地蔵」は、縄で縛って祈願し、それをほどくことで厄が祓われるという呪術的な信仰にもとづくものだ。そこには神道的な「祓」の信仰が垣間見えるが、とりわけその対象が地蔵尊なのは、人々に代わって苦を受ける**「代受苦のホトケ」**だったからにほかならない。

だからこそ、この寺の地蔵は、諸願成就、ことに難病平癒に霊験ありといわれ、信心の者が祈願するときは地蔵尊を縄で縛るのが作法となっている。

そしてお地蔵さんは、無数の縄で縛られ、石像を覆い尽くすまでになっても、それを甘んじて受けてくれるのだ。誠にかたじけないお姿なのである。

あの日、独りでに向きを変えた「巨大鉄仏」

菩薩頭部像（東京都中央区・大観音寺蔵）

東京都中央区日本橋人形町の大観音寺（おおがんのんじ）に、全国でも類を見ない御本尊が祀られている。

通常は厨子（ずし）に納められ、毎月二回の御開帳。御前立（おまえだち）（秘仏尊の前にもう一体安置してそれを参拝者たちに礼拝させる仏像）の聖観音像（しょうかんのんぞう）の背後におわすそのお姿は、やや拝しづらいが、やがて目が慣れてそれが巨大な頭部のみの像だと認めた瞬間、誰もが「おお！」と感嘆の声をあげるだろう。

実に、総高百七十センチの鉄造（てつぞう）菩薩頭部像である。頭部しかないため尊名は特定できないが、寺名はそれが観音像であることを伝えている。

ただ、やや違和感を覚えるのは、本像が正面を向いていないことだろう。

当初はもちろん前立像と同じく正面を向いていた。しかし、あるとき**独りでに向きを変えた**のだという。きっかけは、あの「3・11」（東日本大震災）だった。

大観音寺の関口真流住職は述懐する。

「大地震のあった日、外出先から急ぎ帰ってさっそく本堂内を点検しました。幸い、仏像仏具類は転倒もせず無事でした。そして念のためにと厨子の扉を開けたら、えっ！　と腰を抜かすほど驚いたのです」

わけもない。ほかの什器類はそのままなのに、鉄製の巨大仏頭だけが、くるりと向きを変えていたのだ。のちに測定したところ、角度にして二十五度。北東向きだったものがほぼ真東向きになっていたという。

そもそも、この巨大鉄仏は数奇な逸話に彩られた不思議なホトケだった。

もとは鎌倉時代のはじめに北条政子が発願した、現在は廃寺の鎌倉・新清水寺

鎌倉の地にあったという幻の巨像・鉄造千手観音像の頭部のみが残り、人形町の大観音寺にたどり着いた。総高170センチ

の本尊だったという。「新清水」とは「今清水」、つまり、平安京鎮護の清水寺に倣って建立されたと考えられる。

清水の観音といえば、独特の十一面千手観音像で知られるが、事実、地髪部分に頭上面を挿したらしい痕跡もあることから、本来は清水寺式千手観音像だったと推測されている。とすれば、頭部のスケールからしてものすごい威容だっただろう。

しかし本像は、正嘉二年（一二五八）の大火で焼失し、歴史から姿を消している。伝説では、本像はこのとき**強い光を発して飛び去った**という。ところがのち、近隣の鶴岡八幡宮の近くで井戸を掘ったところ、その頭部のみがあらわれたという。鎌倉人は、その井戸を霊水「鉄の井」と称し、「鉄観音堂」を建立して崇めたといわれる。

だが、明治新政府の神仏分離政策にともなって行なわれた仏教排斥運動により、この頭部像は近くの由比ヶ浜に遺棄されてしまう。ところが、その無惨な姿を惜しんだ日本橋人形町の何某（なにがし）が船で運び込み、寺坊に安置されて今日にいたっている。何度も存亡の危機を乗り越えてきたお像なのだ。

そして現在――。

震災直後、住職は何とか向きをもとに戻そうと試みた。しかし、人力でどうにかなるシロモノではなかった。

そんななか、縁日の護摩（ごま）法要の最中にふと悟ったという。

「これは戻さなくていいのかもしれない」

この災禍を長く語り伝えるために、観音像がみずから不思議をあらわしたのではないか。住職はそう思ったという。

ホトケに生命を吹き込むのも意味を見出すのも祀る側の心持ちひとつということだろう。こうして奇跡の鉄観音に新たな伝説が加えられたのである。

そして当寺では、従来からの毎月十七日に加え、十一日も本尊を開扉（かいひ）し、法要を行なうのが恒例となっている。

ホトケの胎内に納まる「キリストの御神体」

隠れキリシタンの秘仏（石川県七尾市・本行寺蔵）

能登半島中央部に位置する七尾市の本行寺は、かつて、キリシタン大名として名高い高山右近を匿い、南蛮人宣教師から密かにキリスト教と西洋文化を学ぶ道場兼学舎だったという。

「キリシタン禁制の時代、この寺は唯一、西洋文化の窓口にして発信拠点だったビュウロ（事務局）だったんやな」と、小崎学圓住職は言う。

住職は本堂壁際の一画に筆者を誘うと、隠れキリシタンのさまざまな遺品を見せてくれた。くっきりと十字（クロス）が刻まれた石地蔵、表に南無妙法蓮華経、

通常は厨子入り。木造、像高10センチの秘仏

裏に十字が彫られた五輪塔、赤いハートと十字があしらわれた僧形像……。江戸初期作というマリア像は、奇妙な台座に立つ像だが、「この台座は臼の形をしていて、大臼＝デウス（神）を象徴している」のだと住職は言う。

そして、お目当ての〝秘仏〟である。厨子を開けると、小さな僧形の坐像があらわれた。日蓮聖人、あるいは法華宗系の高僧の像だろうか。台座を除くと十センチ少々の小像である。

「では、よろしいか」と、住職はおもむろにその両腕を左右にスライドさせた。すると、ぽっかりと開いた像の内部から、一センチほどの「キリストの御神体＝十字架」があらわれた――。

本行寺には、キリシタンに改宗したご当地・加賀藩の前田家やそれに連なる家の子女が入寺し、江戸時代に入ってもなお信仰を保っていたという。

この像は、加賀藩主だった前田利家の孫娘にあたる菊姫の枕仏で、**法華宗徒に偽装したキリシタンの証**なのであった。

合掌手を横にスライドさせると、
胎内に納入された十字架が見えてくる

北極星が神格化された美少年仏

妙見菩薩像（東京都稲城市・読売新聞社所有）

東京西郊の遊園地「よみうりランド」に隣接する植物園「HANA・BIYORI」内のエリア〝聖なる森〟（旧・よみうりランド遊園地「聖地公園」）に、読売新聞中興の祖・正力松太郎氏が蒐集した貴重な仏教文化財が展示されている。その妙見堂に奉安されているのがこの像だ。

妙見菩薩像（国重要文化財）。

像高百五十五センチ、残された記銘により、正安三年（一三〇一）五月、権僧正・建（通）海の発願で、仏師・院命によって造立されたことがわかっている。

妙見菩薩は本来、中国道教の思想が仏教に入り込んだものだが、
この像はなぜか日本古来の髪型（ミズラ）をしている

一見して優れた造作だが、ほかに類例のない像容でもある。

腹部から下を見れば武装の神将像のようだが、上半身は裸形で、胸には観音や地蔵尊のような瓔珞（胸飾）を身につけ、肩から天衣をまとう。**髪型は、中央でふたつに分け、耳の横でくくって垂らすミズラ（角髪、美豆良）**。これは聖徳太子像などに見られる日本古来の髪型で、インド由来の仏像にはないものだ。

ちなみに、妙見菩薩の像容は武将形や唐服を着したものが一般的で、多くは玄武（亀と蛇の合体した聖獣）の上に乗っており、それらとは大いに異なる。

ただし、右手の宝剣、左手の第二指と三指を出して握る印相（刀印）は妙見尊を標幟するもので、胎内にはそれを梵字一文字であらわす種子（ソ）および真言も墨書されており、その像名は疑いえないものだ。

では、なぜそのような容貌であらわされたのか。

神仏像の容貌は、その属性（功徳や神格）をあらわす信号であり暗号である。

それが唯一無二なものであれば、そうでなくてはならなかった特別な理由があったはずである。

鎌倉末期の『石屋本縁』という文書が由来をこう伝えている。

「伊勢神宮・外宮の神官である度会家の娘で、神宮の神に仕える大物忌の職にあった乙女が毎朝、神宮に捧げる神饌を奉るつとめを果たすべく外宮そばの御贄川を渡ろうとしたところ、折からの大雨による増水で流され、あえなく死亡した。有縁の人々がその遺骸を捜索すると、川底より童形の木像が発掘された」

この話は、伊勢の大神（天照大神）に近仕する乙女の〝本来の姿〟が妙見菩薩であったことを物語っている。それはすなわち、**外宮神官家の神聖性をアピールするもの**でもあっただろう。

事実、本像は最初、度会家の先祖を祀る祖廟に安置され、のち氏寺である常明寺（現在の伊勢市倭町にあったが、明治の神仏分離で廃絶）の妙見堂で長く護持され、伊勢の妙見尊として広く信仰されていたという。

ともあれ、**妙見菩薩は、北極星を神格化する中国の思想が仏教に入り込んで生まれた尊格**で、国土を守護し、災厄を除き、人の寿福を増す功徳で知られている。

それがなぜ、伊勢の神官家で祀られたのか。


時代背景に着目すれば、当時、二度の蒙古(もうこ)襲来を経て日本が「神国」であることが再認識され、伊勢では唯一絶対の宗教を神道のもとに再編しようという動きが起こっていた。その発信源が、ほかならぬ外宮度会家だった。

そんなさなか、和様のミズラ髪の仏神がこの地に顕現(けんげん)したのである。

少年のような佇(たたず)まいを残す謎めく美像は、実のところ、明治新政府が神道国教化政策のために行なった「神仏分離(判然)令」(神社から仏教的な要素を排除する布告)によって失われた聖地伊勢の知られざる一側面を映し出す、貴重な生き証人だったにちがいないのだ。

釈迦の説法会を守護する「九つ目の聖獣」

猊王像（東京都目黒区・五百羅漢寺蔵）

奈良にも京都にもない、東京（江戸）の仏像詣でならではの名所といえば、まずは目黒の五百羅漢寺だろう。この寺を開山した江戸初期の造仏僧・松雲元慶が単独で彫り上げたという仏菩薩、羅漢（釈迦の弟子）像が実に三百五体現存し、参詣者を待ち受けているのだ。

境内に入ると、回廊を兼ねたコの字型の羅漢堂に誘われる。ひな壇にはさまざまな表情をたたえた羅漢像がずらりと並び、けだし壮観なのだが、その出口あたりでふいに異形の神獣が待ち構え、参詣者の足を止めさせる。

獏王像である。

案内の方にうかがうと、「本来は、本殿（大雄殿）の須弥壇の後ろに護法神として安置されていた」のだという。つまり、この神獣は、本堂で再現されている釈迦の説法会（必見！）を密かに守護する存在だったというわけだ。

人面牛身虎尾。その奇怪な容貌は、悪夢を喰らうといわれた伝説の動物の「獏」というより、人面牛の「件」や、聖獣「白沢」に近い。事実、像の左右横腹には三つ目が輝いているが、これは図像で描かれる白沢の姿そのものである。

白沢といえば、**森羅万象に通じた瑞獣**、**病魔よけの聖獣**として崇められてきたが、この像も、悪魔祓いや願い事などに関する参詣者のよき相談相手として信仰されてきたという。とくに、大奥の女中、花柳界、芸能関係者たちの参詣が江戸期から絶えなかったそうである。

未見の方は、ぜひ江戸仏の精華というべき仏菩薩像、羅漢群像ともども、出会っておきたいお像である。

人面牛身虎尾で額と腹の両側に各三つずつ、計九つの目をもつといわれる猰王。中国の「白沢」と同じものと考えられていた

横から見ると、その奇妙さがいっそう際立つ

謎の異神——「一本足の夔」とは？

夔神像（山梨県笛吹市・山梨岡神社蔵）

何というお姿だろう！

見たこともない木彫りの怪物がそこにいた。その名を**「夔神（きのかみ）」**という。

身体を横向きにして、目をかっと見開き、小鼻を膨らませ、大きく横に裂けた口を半開きにして顔をこちらに向けている。なぜか頭頂部は凹（へこ）んでおり、首まわりにたてがみが垂れている。何より奇異なのはその体勢だ。すっくと立つダチョウのような胴体を猫足のような一本足が支えている。

場所は中央本線「石和（いさわ）温泉駅」から徒歩十八分の山梨岡（やまなしおか）神社。創祀（そうし）は古墳時代の第十代崇神（すじん）天皇の御世（みよ）といい、その参道は、お椀（わん）を伏せたような山容（まさに神宿る山！）の御室山の麓にまっすぐ通じていた。

夔神像は山梨岡神社の社宝で、七年に一度の御開帳（次回は二〇三〇年）である。

山梨県立博物館の学芸員・丸尾依子氏によれば、文献での夔神の初出は、江戸時代中期の学者・荻生徂徠の『峡中紀行』にあるという。徂徠は、甲斐国（現在の山梨県）を見聞中に当社を訪れ、〝それ〟を発見したという。

「社の扉の前に、木で刻んだ独足の獣の像がひとつあった。神官はそれが何かは知らないというので、当社の祭神は何かと問うと、神官は大山祇神（いわゆる山の神）であるという。（であれば）古の伝えにいう『山之怪』、『夔』なる魍魎（妖怪）にちがいあるまい」（『峡中紀行』より意訳）

つまり、当代一流の文献学者である**荻生徂徠の〝発見〟**によって、**それが「夔」と認定された**というのだ。

では、なぜそれが「夔」だったのか。

江戸時代中期の学者・荻生徂徠によってその存在が発見され、
「夔神」として祀られる。名前は中国の山の神「夔」に由来

徂徠のいう根拠（古の伝え）は、古代中国の文献、とりわけ最古の地理書とも奇書とも称される『山海経』にあったようだ。そこにはこう書かれている。

「東海の海上七千里のところに流波山がある。頂上に獣が棲んでいる。その姿は牛に似ており、体は青黒くて角はなく、一本足である。また、水中に出入りするたびに必ず暴風雨が起こる。その光は日月のようであり、その鳴き声は雷そっくりである。その獣の名を夔という」


山の神を祀る神社に、「山之怪」あり。人ならぬ角なしの形相にて一本足であれば、それはまさしく「夔」であろう。荻生徂徠はそう考えたにちがいない。

しかし、当時の神官はそれが何かを知らなかった。つまり、徂徠以前は名前をもたず、由緒来歴も伝わっておらず、祀られる対象ですらなかったのだ。

つまり、日本全国に類例のない名もなき怪獣（妖怪）像が、人知れず存在していたということになる。山梨岡神社の中村司 宮司によれば、「発見当時は賽銭箱の脇に転がっていたようです」とのことだ。

その不可解さもあり、「もとは破損した狛犬の一部だったのではないか」ともいわれている。見たところ一本足で自立する姿に見えるが、そういわれても致し方ない部分も確かにある。

ともあれ、「夔」という名前が得られたことで、事態が一変する。

荻生徂徠以後に書かれた『鎮目村山梨岡神社夔神来由記』によれば、この神は「海内一あって二なき」存在であり、「山谷木石の怪にて時あって形をあらはし」たものと書かれている。つまり、この神は時を得てあらわれた自然由来の怪物であり、その本像は全国でもふたつとない存在だというわけである。

「(結果として)これは『夔神』という民間信仰の神として発展していくんですね」と、丸尾学芸員。

夔神像は厨子に納められ、絵に描かれ、さらにお札(御影札)となって広く流布していった。古いお札には、「神宝夔神」「雷除/魔除/開運 御守」と記されている。この地ではとくに、**雷除けの神として崇められたらしい。**

「代々の旧家では、雷が鳴ったときは画軸を床の間に掛けて祈った」と中村宮司。丸尾氏によれば、甲府盆地ではもともと雷神を（多くは天神（てんじん）の名で）祀る神社が多いのだという。

確かに、『山海経』には〝暴風雨を起こし、雷そっくりに鳴く〟と書かれている。また、「一本足」は天から地上へ落ちる一本の雷をあらわすとも観念されたらしい。「夔」が雷神と結びつくのも自然な流れだったのだろう。

もとより、一本足の妖怪は日本各地に伝わっており、山の神や道祖神（どうそじん）を一本足とする伝承は広く共有されていた。山の神を祀る古社に〝それ〟があったのは、ありうべきことだと理解されたにちがいない。

そして、夔神は江戸に〝進出〟を果たしていた。

江戸時代の後期、幕府の役人が当社に詣で、その存在を将軍に報告したところ、享和（きょうわ）二年（一八〇二）には将軍家から直々に夔神の真影（しんえい）（御影札）の提出を命じられている。このとき山梨岡神社は、夔神の姿を木版に写し、数百枚のお札を刷って大奥や御三家（尾張、紀州、水戸）、御三卿（田安、一橋、清水）、そして旗本らに差し出したという。天保年間（一八三〇～四四）にも同様のお達しがあり、結果、夔神信仰は一般民衆にまで広まったという。

その一方、隣国信濃（現在の長野県）の祝神社（長野市松代町）では、近年、奉納された夔神の絵馬（文化十二年〈一八一五〉記銘）が発見されている。

夔神の評判はどうやら甲斐一国を越え、江戸の後期から幕末にかけて、一種の流行神として夔神ブームが巻き起こっていたらしい。

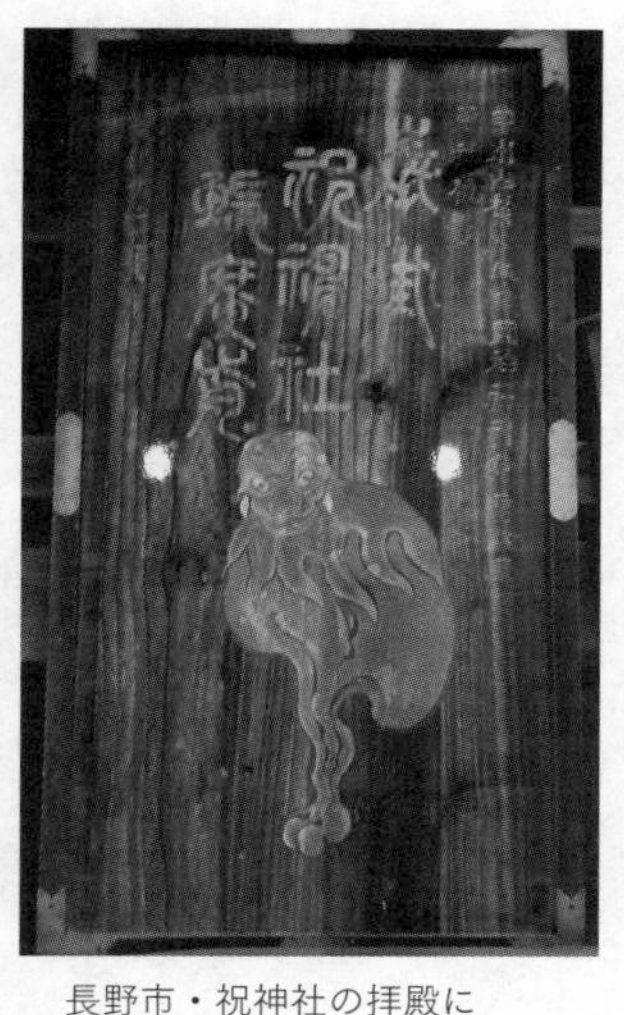

長野市・祝神社の拝殿に
奉納されていた夔神の絵馬

当時の人々の気持ちはよくわかる気がする。何より御開帳の報を聞いて、いても立ってもいられなかった筆者がその証拠である。

「牛頭、馬面、人身、鳥手足」をもつ面妖な神

牛頭天王像（愛知県津島市・興禅寺蔵）

いったい、これは何者なのか。

牛頭をいただき、正面は馬面にして、左右に一本角を生やし髪を逆立てた忿怒形の鬼。さらに、腰からは虎の頭つきの虎皮を垂らし、足許にいたっては、鳥のごとき三本指である。

世に多面多臂、異形の尊像は数あれど、これほどまでに面妖な像はそうはあるまい。

牛頭天王像だという。そもそも牛頭天王とは、仏教経典には見えず、日本神話にも登場しない神で、その存在自体が謎に包まれている。

高さ18.5センチ。三面十二臂で、室町後期から江戸初期の作とされる

一応はインドにあった祇園精舎の守護神・ゴーズを発祥とするというものの、陰陽家によれば、**天の刑罰を与える星（天刑星）がこの世に下生し、牛頭天王と号したことに始まる**といい、もとは朝鮮・新羅の牛頭山の名を冠した神ともいわれる。一方で、スサノオ神と習合、同一視された神でもある。

とはいえ、牛頭天王は明治期以前、疫病を鎮め退散させる**「祇園八坂の天王さん」**として広く知られる存在だった。ところがこの神も、明治政府の神仏分離令によって、全国の八坂神社（および関係神社）から放逐されてしまう。そのあまりに混淆した神格が、近代日本にふさわしくないとして抹殺されたのである。

さて、現在知られている牛頭天王の像は、その像容は一定していないものの、牛頭を頭上にいただく点ではどれも一致している。八坂社に次ぐ牛頭天王信仰の拠点だった愛知県津島の地、興禅寺に伝わる本像も、それと矛盾しない。しかしながら、容貌の特異さは際立っているのだ。

この異相については、牛頭天王に関して伝える縁起『津島牛頭天王祭文』によると、「(神農(しんのう)も) 牛頭馬面人身、鳥手足にて坐し(まし)」ていたためであるという。つまり、**この地の牛頭天王が、中国の伝説上の神人・神農大帝(たいてい)と同一視された結果、このようなお姿になった**というのだ。

しかし、医薬の神として知られる神農さんは、確かに角を生やした異相ではあったものの、「馬面、鳥手足」だったという説は聞いたことがない。本像ありきの後づけの説明だったかもしれず、腑に落ちる解釈とはとてもいえまい。

であれば、本像が造られた時代(室町後期~江戸初期)にこの地にあらわれ、津島牛頭天王を氏神(うじがみ)として祀ったひとりの武将に注目してみるのも一興だろう。かの**織田信長**である。

信長は、みずからを「第六天魔王」と称し、比叡山(ひえいざん)や一向宗(いっこうしゅう)といった宗教勢力を徹底的に弾圧したといわれる。

ホトケをも畏(おそ)れぬ魔王であればこそ、信長の守護神は魔怪を総動員した、かくのごとき鬼神でなくてはならなかったのかもしれない。

2章

日本人にもっとも愛された観音さんの「思いもよらぬ姿」

……見る者を圧倒する、その存在感！

観音菩薩は、日本人にもっとも愛されたホトケといっていい。

その人気は何ゆえか。

観音さんは、**「大慈大悲」**（大きな慈しみの心）で衆生（命あるすべての者）を救ってくれる存在であり、**「彼の観音の力を念じれば（念彼観音力）」**いかなる苦をも消滅させる存在であり、衆生の求めに応じ、さまざまに姿を変えてあらわれる存在だったからである。

顔が一つに腕が二本のもっともシンプルな聖観音のほかに、頭部に十一の顔をいただく十一面観音、千の手をもつ千手観音、馬頭を被った怖い馬頭観音、御利益のシンボルを持った如意輪観音。これらのみならず、相手の器量や性格に応じて三十三もの相に変じてあらわれるとも説かれている。

だから、どんな観音さんが出現しても不思議ではないのだが、それでもなお、思いもよらない姿をあらわしてわれわれを驚かせてくれる。そんな観音像をこの章では、お目にかけたいと思う。

さて、異相の観音像めぐりをしていて、気づいたことがある。日本人にとって観音菩薩はホトケ（真理に目覚めた人）というより、もはや「神さま」といったほうがふさわしいのではないか、という点である。日本で一番有名な観音霊場である「西国三十三所」の本尊は、そのほとんどが秘仏である。その根拠となる説明は経典にあるにはあるが、要するに「むやみに見てはならない」存在なのだとすれば、それは**日本在来の神（隠れ身＝カミ）のあり方に近い**のではないかと思うのだ。

その点で、奈良・長谷寺の「長谷観音」の縁起は興味深い。

近江国（現在の滋賀県）にあったクスノキの大木が倒れ、洪水で大津郷に流れ着いた。その木を伐ろうとしたら、里人に祟りが頻発した。そこでこの霊木で仏像を彫り、それを盤石（大きな岩）の上に安置した、というのがその大意である。

祟りをなすものを懇ろに祀ることで災いを収めたのだとすれば、その存在はカミ以外の何ものでもない。以下の観音像は、そんなことも思わせるのだ。

天照大神が発願!?　山寺に屹立する巨大仏

長谷観音像（三重県多気町・近長谷寺蔵）

全国には二百以上の「長谷寺（はせでら）」があるという。「ちょうこくじ」など、読み方はさまざまだが、たいていは右手に錫杖（しゃくじょう）（修行者が行脚（あんぎゃ）の際に携える杖（つえ））を持った「長谷寺式十一面観音」を本尊としており、その出自はおのずと知れる。

いうまでもなく、その大元は、奈良県桜井市初瀬（はせ）にある真言宗豊山派総本山（しんごんしゅうぶざんはそうほんざん）・長谷寺だが、ここで注目したのは「近長谷寺（きんちょうこくじ）」の像である。

その寺号は**「近（ちか）つ長谷寺」**の意であるという。三重県多気町（たきちょう）の城山中腹にある同寺に奉安された長谷観音（十一面観音立像（りゅうぞう））は、像高こそ六・六メートルと本家よりやや小さいものの、室町時代に再造された総本山の像より古い平安時代の

平安後期に造立された十一面観音立像。高さ6.6メートル。
右手に大錫杖を持ち、盤石（岩）の上に立っているのがポイント

像例である。そんな巨大な平安仏が、ひなびた山寺に人知れず屹立（きつりつ）している――それだけで詣でる理由としては十分だろう。

巨大な厨子の扉が開かれると、金色の瓔珞（ようらく）をまとった黒ずんだ巨体がまさに直立していた。寄木造（よせぎづくり）（複数の木材を寄せ集めて造る造仏法）というが、一木（いちぼく）彫成の像を思わせる風情。それは、霊木から姿をあらわした長谷観音本来の面目をあらわすものだろう。仰ぎ観る者の心を捉（とら）えて放さない切れ長の半眼（はんがん）は、ホトケの霊威を感じさせてやまない。

全国にある長谷観音は、「根本像（もとの像）と同じ霊木で彫られた」霊像として勧請（かんじょう）・分霊されたが、なかでも当寺のそれは、もっとも古い由緒を伝えるものだ。

それにしても、「近つ長谷寺」とは何を意味しているのか。

寺の説明では、**伊勢の大神宮に近いことからその名がある**という。ちなみに、当寺から伊勢の内宮（ないくう）までは約二十五キロ、奈良の長谷寺までは約八十五キロ。伊勢目線でいえば、確かに近くにあらわれた長谷観音である。

では、なぜこの長谷観音は伊勢の近くにあらわれたのだろうか。

神仏習合（神道と仏教の信仰を融合調和させる思想）が進んだ時代、長谷寺の十一面観音は、伊勢の内宮に祀られるアマテラスの本地仏（本来の姿、本体）のひとつとして知られていた。

大和（奈良）長谷寺が鎮座する泊（初）瀬山は、アマテラスがはじめてこの世に降臨した聖地とも伝えられている。長谷観音の造立縁起には、アマテラスが春日明神（奈良・春日大社の祭神。藤原氏の氏神）と契りを交わし、子孫（天皇家と藤原氏）が治めるこの国の仏法興隆のために観音菩薩の造立を発願した、というくだりがある。

つまり**長谷観音は、もとよりアマテラスとの縁が意識され、顕現したホトケ**であった。

その根本像は、恐ろしい祟りをなすクスノキの霊木からあらわされたという伝説が残されているが、そんな霊威著しい像であればこそ、神宮を守護する霊験仏にふさわしいとみなされ、伊勢内宮の本地仏に位置づけられたのである。

そして仁和元年（八八五）、伊勢本街道を見下ろす当地に、第五十八代光孝天皇の勅願所（時の天皇・上皇の勅命により、国家鎮護などを祈願した寺社）として近長谷寺が創建された。

平安後期の史料「近長谷寺資財帳」には、神宮に巫女として奉仕した斎王（未婚の内親王・女王）がこの寺を詣でた記録が残り、南北朝の時代には、伊勢外宮の神官・度会家行が南朝方の楠木正行の挙兵に呼応し、境内地の山頂に「伊勢近津長谷城」を構えたとも伝えられている。ともに、〝近つ長谷観音〟の加護を願ってのことだろう。

テレビやCMなどで奈良の長谷観音がよく紹介されているが、伊勢の守護仏にして、長谷観音の古様をとどめた本像を伝える近長谷寺もまた、もっと注目を集めてもよいのではと筆者は思う。

霊木とホトケの共存！　十一面観音像の奇跡

立木銀杏観音像（福井県若狭町・諦應寺蔵）

人呼んで**「立木銀杏観音」**。その名のとおり、イチョウの木の幹に彫られた十一面観音立像は、〝霊木から出現したホトケ〟そのものであった。

福井県敦賀駅と京都府東舞鶴駅を結ぶJR小浜線の上中駅から、丹後街道を北東方向にクルマで約十二分。安賀里集落の奥座敷に位置し、南北に連なる低山の裾から里人の営みを見守るようなロケーションに、諦應寺はあった。

前方の鐘楼兼山門を目指して石段を登り切ると、突然そのお像が左にあらわれ、はっとさせられる。

手許の資料では、イチョウの樹齢は約四百五十年。樹高は三十一メートル。樹皮を左右から押し開けたような舟形の開口部の内部に、像高約百五十センチの像が納まっている。

左手に蓮華を持ち、右手は掌をこちらに向ける与願印。への字に曲げた口許、細長く浮き上がらせた眼は決然とした意志を感じさせ、前頭部から眉間にかけての干割れは、向こう傷を負っても動じない頼もしい守護神のようでもある。もとより荒いノミでザクザクと彫られたのだろう。それが風雨や日射しに晒され続け、全体として凄まじい風合いを醸し出している。

台座部分は傷みが激しかったのか、コールタールで補修された跡が目立つものの、その内部は光背にある光を放つ様子をあらわした二重円光まできれいに残っている。胸部には経巻（経文を書いた巻物）が納められていたという四角い孔の跡も確認できる。

造立は江戸の末期、諦應寺三十世の仏山恵隆和尚が手ずから彫られたという。

諦應寺の立木銀杏観音像。樹木の生長に巻き込まれずに
形をとどめたまま、今もなお「生き木仏」として信仰を集めている

「当時、寺の周辺では飢饉(ききん)や疫病など、よくないことが続きました。加えて幕末の騒然とした時代。恵隆さんも京都に出て志士と交わっていたようです」

と、諦應寺の高田徳雄住職は言う。

境内地北側の斜面には、百体地蔵(じぞう)と呼ばれる石仏群(実際は二百五十体以上)が列をなしているが、これも恵隆和尚の時代のものという。不穏な世情のなか、掻(か)き立てられるような思いがあったのだろう。造仏にかける和尚の情熱に胸を打たれる。

実は「立木銀杏観音」そのものが、ある意味奇跡的な存在であった。

高田住職によれば、境内にはもう一本、シイの木にも仏像が彫り込まれていたというが、そちらは木が生長するにつれて樹皮が仏像を〝巻き込み〟、やがて呑み込んでいったという。

一方、銀杏観音は、少し樹皮が巻き込みを見せたようだが、生長が止まったのか、呑み込まれず現状をずっと維持してきたという。

樹種の違いによるものか、それともノミを入れる深さ、大きさが影響したのか。当然ながら、樹木本体に加えるストレスが大きすぎれば、木そのものが枯れてしまうだろう。そうなれば「生き木仏」は成り立たない。

つまり、この**銀杏観音は、樹木本体（母樹）を生かさず殺さず、絶妙なバランスで霊木とホトケが共存している**のだ。

古来、イチョウは「公孫樹」とも書き、長寿と子孫繁栄を象徴する木とされている。そんな霊木から十一面観音があらわれた――その〝奇跡〟は、人々にとって何ともありがたいものに映っただろう。山門の手前で、参詣者をもれなく見下ろす姿は、まさに大慈大悲そのものだ。

そして、その荒々しい容貌には、霊木のカミが確かに息づいているように思われるのだ。

観るほどにホトケが見えてくる
——「母なる円空仏」

観音菩薩立像（愛知県西尾市・浄名寺蔵）

それは大きな木の塊（かたまり）だった。

ゴツゴツとしたノミ跡が残るお顔の上に小さな阿弥陀仏（あみだぶつ）を配した宝冠（ほうかん）が被せられ、胸に菩薩特有の装身具（瓔珞）がつけられていることから、これが観音菩薩であろうというのはわかる。ただ、衣のたわみをあらわす線が薄く彫られているものの、胸のあたりにあるコブや節のようなものはそのまま残されている。

愛知県西尾（にしお）市にある浄名寺（じょうみょうじ）境内の一画、いつでも参拝できるよう開け放たれた小堂にその像は安置されていた。一見、これが仏像かと思われるかもしれない。

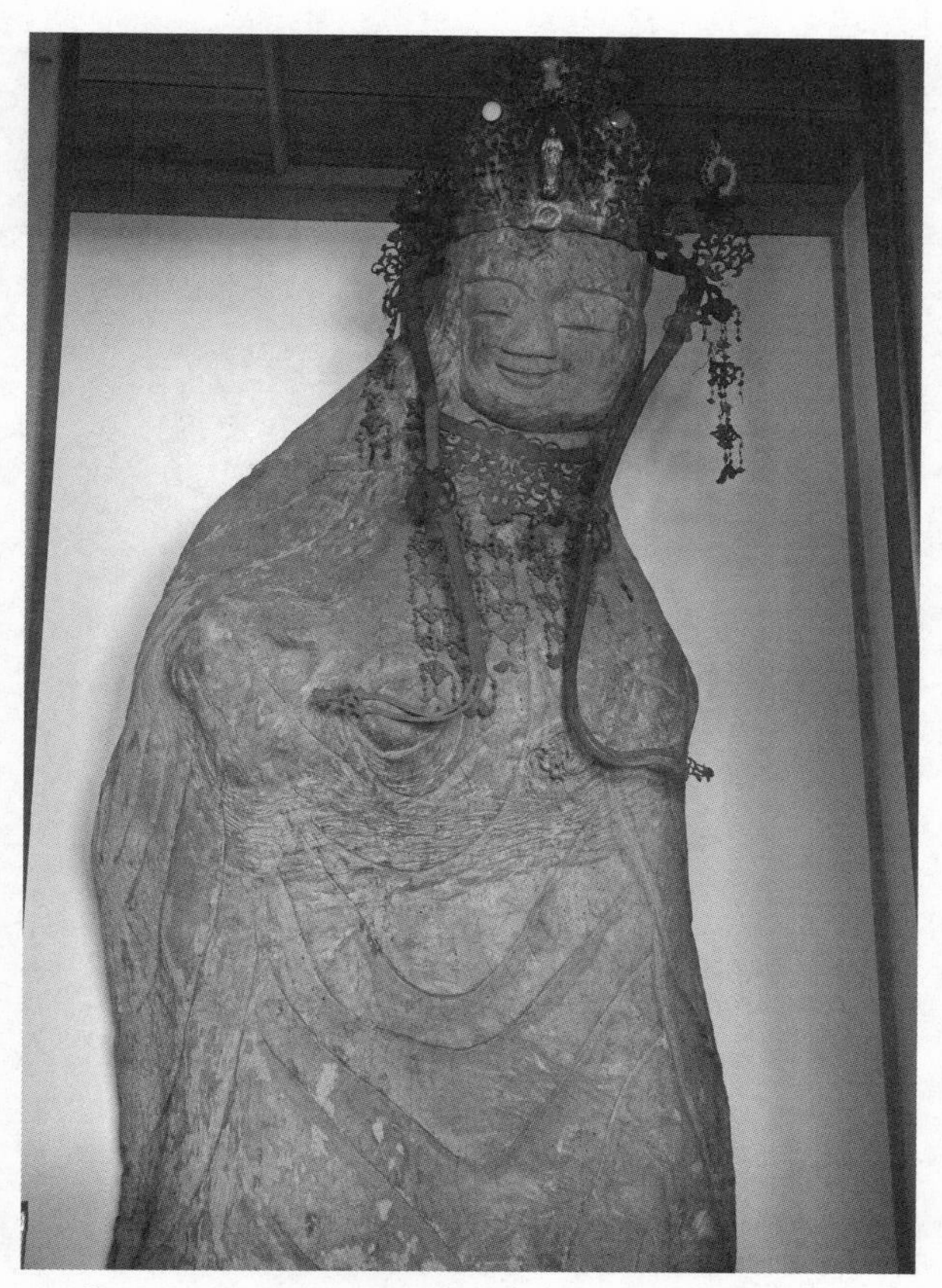

「円空仏」としては最大級の「微笑み・みかえり観音」。
朽ちた老樹をそのまま利用して造作したという

しかし、**観るほどにホトケが見えてくる**のだ。やや背中を屈め、右前方を見下しながら微笑むお姿。よく見れば、胸前で合掌しているようにも見える。

本像は**「円空仏」**では最大級（像高二・七メートル）の「微笑み・みかえり観音」として知られている。かつては人知れず「開かずの堂」にあったというが、平成十四年（二〇〇二）に新聞で大きく報じられ、一躍脚光を浴びることとなった。

円空仏とは、江戸前期に活躍した修験僧・円空の手になる仏像群のこと。ザクザクとした彫り跡を残す特異な作風で知られ、その行跡を示すように、これまで五千三百体以上の遺作が各地で発見されている。

この円空仏の浄名寺への伝来に関しては、こんな不思議な言い伝えがある。

――明治のはじめ、当寺の初代・洞光和尚はある晩、観音さんが港で薦（藁で荒く織ったむしろ）をかぶって横たわっている夢を三晩立て続けに見た。それを村人に話したら、「オレも見た」という者もいた。これはきっと迎えに来いとのお告げだろうと、海づたいに探しに出たところ、大浜の港（愛知県碧南市）に、夢で見たとおりにその像が横たわっていた。事実、廃仏毀釈（明治新政府の神道国教化政策に依拠して行なわれた仏教排斥運動）の際、多くの仏像が伊勢（三重県）から大浜港に運ばれていたという。

そんななか、この像は、像のウロ（樹洞）部分に見える梵字と「南海峯白馬寺」の文字から、その筆致が円空のもので、円空作の像に間違いないと研究者らは鑑定した。

さらに、足許や裾にあたる部分がクスノキの根元の形状をとどめていることから、この像が朽ちた老樹をそのまま利用して造作した〝**立木仏**〟であり、その根元から切り離して堂内に祀られたものと判定された。

同寺の副住職の松原紗蓮さんにとって、この像は特別な存在だという。

二歳七カ月のときにこの寺の養女となった彼女は、若い頃、生きづらさを覚えて家出を繰り返し、たびたび自殺未遂も起こした。

「しまいにはクルマもろとも海に飛び込んでいました。もうこれで死ぬんだ、そう思った瞬間、なぜかふと、この観音さまが脳裏に浮かんできたんですね」

観音さまだけが自分を見捨てなかった。そう紗蓮尼は言い、言葉を続けた。

「私にはこのお像は、子どもをあやしている姿に見えてしかたがないんです」


彼女の話に同意しながら、筆者は円空その人と彼女との因縁を感じていた。

円空は幼い頃、長良川（ながらがわ）の洪水で母を失い、最期（さいご）はその母の記憶が残る長良川の河畔（かはん）に穴を掘り、念仏を唱えながらみずから埋もれて入定（にゅうじょう）したと伝わる。その軌跡は、母なる救いを追い求める旅でもあった。

「円空さんもきっと、クスノキがそのように〝見えた〟のだと思いますよ」

勝手な憶測だが、きっとそうだったにちがいないと筆者も思ったのである。

「覆面」で仏罰を和らげ衆生を救う秘仏

覆面千手観音像（千葉県南房総市・真野寺蔵）

覆面千手観世音菩薩。まずは、その名前に釘付けになった。どんな覆面姿の観音像なのか。なぜ覆面でなくてはならなかったのか。

千葉県にあるJR内房線「千倉」駅からクルマで約七分。かつて丸山町と呼ばれていた南房総の地に、高倉山真野寺がある。近隣では「真野の大黒さん」で知られ、慈覚大師円仁（第三代天台座主）が彫り上げたという巨大な大黒天像が篤く信仰されている。そちらも興味深いが、今回は何より秘仏の観音像である。

本尊を奉安する厨子は、通常は丑年と午年の御開帳のときのみ開扉される。特別に許可をいただき、檀家総代の立ち合いのもとでの御開帳である。厨子を取り囲むように居並ぶ眷属の二十八部衆に目移りしながらも、ぎしぎしと音を立てて開かれる扉の奥を凝視する。

あらわれたのは、いかにも古仏といった風合いの素木の像（クスの一木造）。その面部には、やや違和感のある尊顔が張りついていた。その違和感は、本来のお顔に覆面が被せられ、首元まで覆っているためであった。斜めから拝すると、宝冠から針金状のもので覆面がくくりつけられているのが認められた。

後日、覆面を外した面相を写した市の教育委員会の資料を見たが、その面部は目鼻こそあるものの、不完全な彫りであり、**覆面を被せることを前提とした造作であること**を思わせた。

言い伝えによると、奈良時代の高僧・**行基**の作と伝わるこの千手観音は、霊験がとても強く、参拝者に少しでも非道や邪念があれば重い仏罰を下していた。それがあまりに厳しかったために参詣者も絶えていたが、貞観二年（八六〇）、遊行中の円仁が立ち寄り、行堂面（練供養などで被る覆面）を彫って尊顔を覆っ

高さ172センチ。一木造で、平安後期の作とされる。
霊験が強すぎるあまり、円仁によって覆面を被せられたという

たところ、以後、優しく慈悲深いホトケになったのだという。

〝和光同塵〟という言葉がある。

「仏・菩薩が智慧や功徳の光を和らげ（隠し）、仮の姿で濁世の衆生を救う」という意味で、本来はホトケだが、塵まみれの俗世に応じ、神としてあらわれることを表現した言葉だ。しかし**この観音は、覆面にて仏罰（祟り）を和らげ、御尊顔を隠すことで衆生を救う**のだ。

その背景にあるのは、日本特有の**霊験仏信仰**にほかならない。実は、鎌倉の古寺・杉本寺の観音菩薩も、かつて「覆面観音」と呼ばれていた。こちらは、寺の前を馬に乗ったままで通ると必ず落馬すると言い伝えられ、北鎌倉の建長寺開山の高僧が観音像を袈裟で覆ったためにその名があるという。

杉本寺の像もまた、行基作と伝わる像であった。

「実は恐ろしい覆面観音」。そんな共通観念が、かつて東国でシェアされていたのだろう。そのことを今に伝える貴重な観音像なのである。

艶めかしすぎる「生ける観音」さま

谷汲観音像（熊本県熊本市・浄国寺蔵）
聖観世音菩薩像（熊本県熊本市・来迎院蔵）

「生人形（いきにんぎょう）」をご存じだろうか。字面のごとく、まるで生きているかのように表現された人形のことをいう。あるいは、幕末から明治にかけて見世物興行に使われて人気を博した等身大の人形のことをいう。

近年、その目を見張る人体のリアリズム表現が再評価されているが、長く文化財的な価値が認められず、もとより保存する前提でもなかったため、多くは散逸（さんいつ）、あるいは海外に流出し、少数しか遺（のこ）っていない。そんななか、熊本市には生人形製作の第一人者・**松本喜三郎（まつもときさぶろう）**の作品が、二カ所の寺院で〝祀られて〟いる。

熊本市北区の**浄国寺**。本堂でそれを見た最初の印象は、何とも収まりの悪い違和感だった。というのも、そこがホトケを礼拝・供養するための仕様になっているにもかかわらず、お祀りされているのが等身大の〝人形〟だったからだ。

谷汲観音像という。確かに観音菩薩が乗る蓮台に立ってはいるが、斜に向かい、こちらを見返りながら左の人指し指で前方を指す謎めいた仕草。笠を被り杖を持つさまは、旅姿の（とびきり艶めかしい）女性像にしか見えない。

「でも、これは観音さま以外の何者でもないんですよ」と、中山義紹住職は言う。

谷汲観音とは、西国三十三所の結願の札所、谷汲山華厳寺の観音菩薩のことで、そのお姿は、『西国三十三所観音霊験記』の縁起譚に書かれた、ある場面がモチーフになっている。

――かねて観音像の造立を発願していた会津（福島県）の大倉某が、ついに有縁の霊木と出会い、**京都の仏師に造らせた像を地元に持ち帰るべく出立すると、観音像はみずから笠を被り、わらじを履いて杖を手に歩きだした。**そして美濃国

まるで生きているかのような観音像。その艶めかしさは
ほかの像容とは明らかに異なる。生人形師・松本喜三郎の作

の赤坂（現在の岐阜県大垣市）で立ち止まり、「これより北の山中にある結縁の地で、衆生を済度したい」と述べた——。

観音菩薩は衆生を救うとき三十三の姿に変化するといい、それにちなんで三十三の観音霊場が生まれた。そのひとつ、谷汲山の霊験記に登場する本像は、「観音さまが人間の巡礼の姿を借りて、迷っている人を導いた」（浄国寺ウェブサイトより）お姿であるという。

本像は、生人形師・松本喜三郎の全盛期を飾る作品のひとつとされる。

喜三郎は、安政二年（一八五五）、江戸・浅草寺裏の奥山（本堂の北西一帯の俗称）での見世物興行「活人形元祖肥後熊本産松本喜三郎一座」で江戸デビュー。かつて長崎にあった丸山遊廓の遊女が湯浴みする艶めかしくも迫真の表現などで人々を魅了し、生（活）人形を世に知らしめた。

そして明治四年（一八七一）には、代表作となる「西国三十三ヶ所観音霊験記」の興行を開催。十年の年月をかけて準備されたそれは、観音の化身像三十三体、人物像百五十体で展開される空前の立体絵巻だった。その人気は凄まじく、江戸中の若い娘がその仕草をまねるほどだったという。

その後、谷汲観音像は浅草寺伝法院（でんぼういん）に安置されたのち、晩年に喜三郎が熊本へ帰郷した際、「この観音さまが作者にとってあまりに会心の作であった為（ため）に離れがたく」（浄国寺ウェブサイト）、松本家菩提寺の浄国寺に寄進された。住職によれば、昭和の中頃までは本像を拝む観音講（信仰者の集まり）も営まれていたという。

もうひとつの喜三郎作品が、熊本市西区の**来迎院**（らいこういん）にある。

喜三郎一座の番頭の兄が住職をつとめる来迎院の求めに応じて制作され、明治二十年（一八八七）に寄進された**聖**（しょう）**観世音菩薩像**である。

当時、喜三郎六十三歳。かねてより仏教への崇敬（すうけい）は篤かったが、晩年の喜三郎の宿願は、来迎院裏にそびえる万日山（まんにちやま）に三十三の観音堂を建立し、西国三十三所の写し霊場を開くことだったという。つまり、化身の次は本尊（仏像）でその世界を再現したいと発願したのである。

その願いはついに果たせなかったが、そのぶん本像にかける思いは強かった。喜三郎は**伊勢神宮の遷座造営に用いられる尾州檜の銘木を取り寄せ、仏師の作法である一刀三礼（ひと刻みごとに三度礼拝）にて尊顔を彫った**という。また、衣装は手ずから裁縫して入念に仕上げる一方、衣に隠れる胴体部分などは、生人形の流儀にのっとって〝提灯胴〟（骨組みのみ）で造作されている。


おそらく喜三郎は、伝統的な仏画を手本としながらも、従来の仏像を超えた生ける観音像、慈悲のホトケが醸し出す温もりをもあらわそうとしたのだろう。それは、巡礼姿の人をリアルにあらわしながらも、人ならぬ観音の化身像に仕立てた谷汲観音像と好一対である。

ふたつの観音像は、まさに生人形師・喜三郎の真骨頂といえるだろう。

松本喜三郎の晩年の作、「聖観世音菩薩像」。
今にも動きだしそうな、まさしく〝生ける観音像〟である

「怪鳥ヤタガラス」の背に乗ったホトケ

四足八鳥観音像（三重県四日市市・勅願院観音寺蔵）

三重県四日市市の勅願院観音寺にある「**四足八鳥観音像**」（ろくろみ観音と通称される）。正しくは如意輪観音像という。如意輪観音は変化観音の一種で、多くは六本の腕をもつ姿であらわされる。本像もその通例に沿ったものだ。

しかしながら、本像を特徴づけているのは、何よりゴジラに出てくる怪獣キングギドラを思わせる**四足八頭の怪異な**「**鳥座**」であり、それに観音像が乗るという類を見ないモチーフなのである。「四足八鳥」とは、この「鳥座」に由来する。

おそらく類例は皆無であろう、この「鳥座」とはいったい何か。それに観音像が乗る意味とは何なのか――。

四足八鳥観音像。当初より祀られていた如意輪観音に、
この地に伝わるヤタガラス伝承が融合したものであろうか

寺の縁起には、こんなことが記されていた。

神亀四年（七二七）、「遥かなる海上より四足八頭金色の怪鳥が霊木を載せて海辺の林に舞い降り」、残された霊木は三日三夜、紫雲たなびき光を放った。そして、それを発見した漁師の夢に件の霊木があらわれ、「苦しみの海にもまれる衆生を救うためにやって来た」として、如意輪観音の姿をあらわしたという。

一方、江戸時代の文書には「本尊（如意輪観音）を四足八鳥の背に安置するのは、この謂れなり」として、こんな説が述べられていた。

「神武天皇の東征のとき、天照大神の神勅が下り、八咫烏を使いとして神武軍を教え導き、陸地を見つけて土地を均した。その地を祭ったことから浜の宮と号し、陸路見と名づく」（『勢陽五鈴遺響』）。

何とここでは、その由来が『古事記』『日本書紀』に記される初代神武天皇の御世までさかのぼっている。つまりこの寺は、かつて伊勢湾に面した浜の宮で、神武天皇がアマテラスの神使ヤタガラスに導かれてここにやって来た。「ロクロミ」の名はその故事（陸路見）に由来するのだと。

そして、怪鳥四足八鳥はヤタガラスのことで、その主人である皇祖神アマテラスは、実は如意輪観音の化身であったことが示唆されているのだ！

如意輪観音＝アマテラスとは一見意外だが、中世の神仏習合の脈絡では、この二尊の結びつきは深い。本地垂迹説では、アマテラスの本地（本来の姿）は大日如来であり、その化身が如意輪観音と考えられていた。つまり、**アマテラス・如意輪観音はともに天皇家の最高の守護神であり、守り本尊**だったのである。この観音像を本尊とする当寺が「勅願院」と号し、皇室の崇敬が篤かったのもそれなりの理由があったのだ。

それにしても、ヤタガラス＝四足八頭とは驚くべき説である。通常「八咫」とは単に「大きい」の意で、その姿は三本足のカラスであらわすのが一般的である。しかし、同じ伊勢の碩学・本居宣長は、かの『古事記伝』の中で、こう記している。

「従来の三足すなわち八咫烏なる説には納得がいかない。八咫烏の名義は八頭烏にて、頭の八ある由である」と。

「夢のお告げ」で田んぼから出土した観音さま

田光り観音像（東京都足立区・西光院蔵）

江戸時代前期の話なので、そんなに大昔のことではない。

当時、新田開発が進められていた江戸・中川の河畔（現在の東京都足立区中川あたり）で、農夫が馬を使って田を耕していたが、ある場所まで来ると、馬の足がいつも止まってしまう。不思議に思い、そこを掘り返すと、土中から一メートルほどの木があらわれた。

農夫はさして気にも留めず、畦に放置していたのだが、その晩から毎夜、観音さまが夢枕にあらわれた。その姿が放っておいた木に似ていることに気づいた農夫は、急いで耕地に行ってその木を拾い上げ、洗ってみたところ、夢に出てきた

高さ125センチ。馬が知らせてくれたことで田んぼから掘り
起こされたため競馬ファンの信仰が篤いという

ものと違わぬ観音像が出現したという。

まるで奈良時代か平安時代の仏教説話に出てきそうな話だ。

その木が説話にいう「薫香や光を放っていた」かどうかは伝わっていないが、田んぼから出土したその像は、**「田光り観音」**と呼ばれるようになった。

「もとはどこかで祀られていた観音さんが、洪水か何かでこの地に流れ着いたのかもしれませんね」と、像を所蔵する西光院の住職の話にうなずく。

木の幹の形をとどめながら観音像を彫り出す手法は、立木観音（63ページ）のバリエーションひとつだが、この素朴な風合いの像は、そのサイズといい、童子のような愛らしい姿といい、いかにも庶民に愛されてきた観音さまといった風情だ。「馬が（宝を）知らせてくれた」ことから、ときに競馬ファンが祈願に訪れるというのも微笑ましい。

ちなみに、**御利益は「豊作成就」**である。

3章

いかにして「異形の神」は生み出されたのか？

……〝ミステリアスな像〟が語りかけてくること

日本古来の神々は、その姿を決してあらわすことはなかった。

姿が見えず、得体の知れないモノであるからこそ、人々は畏れるのであり、その畏れの念がカミ信仰を支えてきたともいえる。

つまり、**「見えてしまったらおしまい」**なのである。

しかし、平安時代に入る頃になると、神の像が造られるようになる。それは、さまざまなバリエーションの仏像が登場するにいたり、見えないことで存在感を発揮していた神が、見せないことで存在感を失う危機感に迫られたからではなかったかと想像する。

とはいえ、経典や儀軌(ぎき)と呼ばれるテキストに「こう描け」と示された仏像に対し、神像の場合は典拠がなかった。

では、神をどう表現するか。

最初期の神像は、僧形神像(そうぎょう)(僧侶の姿形をもってあらわされた神像)というモチーフだったといわれる。

それは、仏教に帰依した神の姿であるとも、神が憑依した修行僧の姿であるとも解釈されているが、要するに、神そのものを描き出すことがいまだ困難であったことを物語っている。

やがて、神は人の姿であらわされることになるが、ただの肖像では神であることの説得力が希薄である。そのため、**「人の姿をもちながら、人ならぬ姿」**を表現する必要に迫られた。

結果、異常に眉をひそめた怒り顔の男神や、神懸かりの巫女をモデルとする女神の像が生み出されていったのである。

「神のお姿としか言いようのない」像は、眉一本の表現で成功する場合もあれば、イマジネーションの限りを尽くし、ありえない造形を創案することで成立する場合もある。

以下取り上げられる神々の像は後者である。仏像の影響は大だったにせよ、ホトケにはない何ものかがこれらの像には宿っていないだろうか。

江戸っ子を熱狂させた「天狗の神」

大杉大明神神面（茨城県稲敷市・大杉神社蔵）

江戸時代の半ば、ある神変をきっかけに、江戸中の耳目を集める騒ぎが起こったという。

「三月朔日、夜五半時、光り物東より西に飛び、雷の如く鳴る……六月上旬より本所香取太神宮境内へ、常陸国阿波大杉大明神 飛び移り給ふとて貴賤群集し……程なく此の事を停められる」（『武江年表』）

当時の記録を総合すれば、およそこんな話である。

享保十二年（一七二七）、亀戸香取太神宮（現在の亀戸香取神社）の社の森に

背面に「背負い紐」をつけた携帯式の厨子に納められている
神面。関東各地での出開帳に用いられたものとされる

「光り物」が飛来。三月の初頭、震動とともに大きな松の枝が折れる怪異が起こった。そこには白い御幣（木串に白い切り紙を挟んで垂らした神具）が残されており、誰言うともなく、「常陸国アンバ大杉大明神が当社に飛来された」と江戸市中で大評判になった。すると、人々は華やかなノボリや屋台などをしつらえ、笛太鼓で囃し立ててこぞって亀戸香取太神宮の参詣に押し寄せた。

しかし、その狂騒を問題視した大岡越前守忠相により祭礼停止の命が下され、江戸中を巻き込んだフィーバーはほどなくして終息したという。


大杉大明神、通称**「アンバ大杉」**は、現在の茨城県稲敷市阿波に鎮座する大杉神社の御祭神である。

当社が鎮座する阿波の地は、『常陸国風土記』にいう「安婆之島」に比定されている。今でこそ北の霞ケ浦、南の利根川に挟まれた陸地にあって「島」の風情は感じさせないが、かつてここは、広大な内海（香取海）に突き出た半島の突端に位置していた。そして、そこにランドマークとなる大杉がそびえていたことから、その社名がある。

由来書によれば、奈良時代、日光二荒山の開山で知られる勝道上人がこの海で暴風雨に遭い、一心に祈ると、三輪の神を名乗る異相の神霊があらわれ、船を導いた。上人がそのあとを追うと、神霊は阿波の大杉のこずえに止まったという。

また、鎌倉時代初頭、源義経の家臣・常陸坊海尊がこの地にとどまり、天狗のような異相にて海難の危機を救い、疫病の災厄を除くなど、さまざまな霊験をあらわした。そして大杉のこずえから「われは大杉大明神」と名乗ったと伝えられている。

そして中世から近世に、「アンバ大杉」は疫病祓いの神として現在の茨城から千葉方面へ、大杉囃子の踊りとともに信仰圏を拡大。そして、ついに江戸へと達し、先の大ブームを巻き起こしたのである。


〈アンバは大杉大明神、悪魔を祓ってよーいやさ……〉

いったんはお上の命令で禁止の憂き目に遭ったものの、この天狗の顔をした神は数十年後、ふたたび江戸っ子に熱く迎えられた。

『武江年表』の享和三年（一八〇三）の条によると、**「七月朔日より、永代寺にて常陸国阿波大杉大明神御開帳」**と記されている。

この年、深川の永代寺（江東区富岡八幡宮境内）において六十日にもわたる出開帳が行なわれ、のち各地を巡行したという。95ページ写真の厨子入りの神面は、その物言わぬ生き証人である。

すでに機も熟し、人々の期待もピークに達していた。そんなさなかの御開帳だったと思われる。

うやうやしく厨子の扉が開かれると、中からお顔のみの天狗像がヌッとあらわれた——そんなドキドキするような御開帳のさまを思い起こさせてやまないお像である。

頭上の「神狐」に秘められた意味と力

愛敬稲荷像（神奈川県鎌倉市・光則寺蔵）

以前、『稲荷大神』（戎光祥出版）という本を制作するにあたり、画像、立体像を問わず稲荷神像を渉猟したことがあった。その経験からしても、この像は唯一無二といっていい。

鎌倉・長谷の光則寺に伝わる、通称「愛敬稲荷」。実に、頭上に飛行する金色の狐をいただく女神像である。

光則寺は、鎌倉幕府の五代執権・北条時頼に仕えた宿谷光則という人物が、日蓮に帰依して自邸を寄進し、寺院としたものである。その鎮守神として祀られたのがこの稲荷神とされ、縁起にはこんな由来が伝えられている。

——鎌倉時代、光則が「皇族将軍」である宗尊親王を鎌倉に迎える随身（貴人の護衛）として上洛した際、ある公家より主君を守護するための名剣・古狐丸を賜った。

するとその夜、ひとりの神女が頭に白狐をいただいて枕上に示現し、『われは、汝が得た古狐丸の鍛造の際、相槌を打った稲荷なり。剣とともに関東に下向して汝を守護しよう』と告げた。起き上がって拝すると、そこに稲荷の尊像があった——。

そこにあった稲荷の像が左の写真のような像容だったかどうかは不明だが、本像が**「枕上に示現」した女神のヴィジョンをあらわした**のは間違いないだろう。

あるいは、刀剣を知る者なら、「古狐丸」の名から、平安時代の伝説の名匠・三条小鍛冶宗近の次の逸話を連想するかもしれない。

〈朝廷から作刀を命じられたが、満足のいく刀を打てずに困っていた三条宗近の

通称・愛敬稲荷（稲荷明神半跏像）。高さ27センチ。出開帳で人気を博したもとの像は失われてしまい、写真は復刻版

もとに氏神の稲荷明神が童子に化けてあらわれ、相（合）槌を打って助けてくれて刀を拵えた〉——世に知られた、名刀「小狐丸」の伝説である。

ちなみに小狐丸は公家の名門・九条家が秘蔵していたとされるが、現在の所在は不明という。

古狐丸と小狐丸、先の縁起にいう「ある公家」と九条家、そして稲荷神……。その符合は、にわかに幻の神剣をめぐるミステリーを想起してしまうが、ともあれこの場合のポイントは、本像が**稲荷の霊力を宿した宝剣に由来**しているということだろう。

右手には霊剣、左手に宝珠を持ち、神狐を眷属とする女神といえば、一般には白狐にまたがるお姿であらわされるダキニ天＝稲荷明神像が知られている。

その天翔る神狐（天狐、あるいは辰狐とも呼ばれる）が乗り物ではなく、女神の頭上に配された。そのことにより、神通自在の霊験がより強く印象づけられるかたちになったのは間違いない。

たとえば観音菩薩は、頭上にいただく化仏（阿弥陀仏）により、阿弥陀仏の救済を実現する化身であることを物語り、八臂の弁財天像は、頭上に蛇体の宇賀神をいただくことで財福神としてのキャラクターをあらわしている。つまり、**頭上に掲げた象徴物は、その「力」が何にもとづくのかをあらわすサイン**なのである。

本像でいえば、霊剣「古狐丸」の守護力をもたらす白狐がクローズアップされているが、この稲荷神像は、「国家安寧万民快楽衆人愛敬ますますに有り難き神威なり」と喧伝され、江戸の出開帳もたびたび行なわれたという。

後ろ足を跳ね上げた姿が飛行白狐の特徴である

奇抜なモチーフながら、拝する者を惹きつけてやまない本像は、まさに愛敬（衆人から愛され敬われる）の名にふさわしい神像として仰ぎ見られたのだろう。

遊女たちの「商売神」として君臨する鬼婆

奪衣婆像（東京都新宿区・太宗寺蔵）

東京の新宿二丁目といえば、今は特殊な盛り場エリアとして有名だが、五十年ほど前までは色街として、さらにさかのぼれば、飯盛旅籠が集まる宿場として知られた一帯だった。飯盛旅籠とは、飯盛女と呼ばれる遊女のいた宿屋をいう。いずれにせよ、昔から江戸の周縁にあって業と欲が吹き溜まるエリアだった。**太宗寺の奪衣婆はそんな街の象徴だった**といえるだろう。

境内の閻魔堂は毎年一月十五・十六日と七月十五・十六日に開扉されるが、それ以外の日でも、扉にあるボタンを押すと照明がつき、内部に安置された巨大な像のお姿を格子越しに拝することができる。

高さ約2.4メートルの奪衣婆像。「しょうづか（そうずか）のばあさん」（正塚〈葬頭河〉の婆さん）として親しまれた

まず目につくのは、総高五メートル半の閻魔像。頭部と躰部がやや不釣り合いなのは、頭部のみ文化十一年（一八一四）の造立当初のもので、残りは数度の火事により補修が繰り返されたためだろう。

その脇に件の奪衣婆像があった。閻魔像に比して一見そうは見えないが、この像も総高約二・四メートルの大作だ。許可を受け間近に拝することができた。渦巻く頭髪、剝き出しの肋骨と垂れ乳、深い皺を寄せ集めるようにして見開かれた血走った眼、お歯黒も露わに大口を開いて参拝者を威嚇する鬼婆がそこにいた。右手に摑んでいるのは、三途の川のほとりで剝ぎ取った亡者の衣類である。

その像容から、**客の衣を剝いでお金を稼ぐ妓楼や飯盛女たちの商売神として信仰された**と伝わる。ともあれ、明治三年（一八七〇）の造立というこの像の破格の存在感とリアリズムは、こうでなくては応えられないほどの現実の重さと祈りの深さを反映したものだったにちがいない。

地獄の醜女か、それとも浄土の母神か

姥尊像（富山県立山町・閻魔堂内）

越中（現在の富山県）立山信仰の拠点として知られた立山町芦峅寺集落。人気の途絶えたその一角に、閻魔堂と呼ばれる小堂があった。

わずかな灯りに目をこらすと、正面には朱塗りの閻魔王坐像。その背後には、亡者を裁く冥府の神々が控えている。それらの堂々たる忿怒の表情を拝むべく近づくと、やがて「老婆」の存在に気づき、はっとさせられる。

姥尊の像という。そのもっとも古そうな像は、真っ白なサラシの浄衣をまとい、片膝を立てて前方を見据えていた。彩色は剝げ、剝き出しの木肌も傷みが激しい。大きく見開いた玉眼は、重篤な白内障を患ったかのように白濁し、開いた口は何ごとか言葉を発しているようだ。何を見据え、何を語ろうというのか。老醜が極まったような凄まじい容貌にたじろぐ。

閻魔像と同坐するさまから、前項で取り上げた地獄絵巻に描かれる三途の川の奪衣婆を連想させるが、そうではないという。ただし、立山信仰独自の尊容だとする一方で、その由来ははっきりとしていない。

「山の神は醜い女性とされるが、それを表現したものか、あるいは立山を開山した慈興聖人(じこうしょうにん)の母親の姿か、はたまた土偶(どぐう)のように縄文人の造形感覚を伝えたものとする説もある」(立山博物館〈現・北陸大学教授〉・福江充(ふくえみつる)氏)

はっきりとしているのは、地元の人が「おんばさま」とも呼ぶこの像が、本来、姥堂(うばどう)と呼ばれる別のお堂に安置されていたもので、そこで行なわれていた**女人救済の神秘儀礼の本尊**だったということである。

その「姥堂の秘儀」(布橋灌頂会(ぬのばしかんじょうえ))とは、次のようなものだったらしい。

死装束(しにしょうぞく)に身を包んだ女性らが、閻魔堂でさまざまな罪を懺悔(ざんげ)し、戒文(かいもん)(戒律の

閻魔堂内に安置された姥尊像のうちの一体。赤い輪袈裟には「南無大慈大悲立山姥菩薩」「為先祖冥福子孫繁栄」とある

条文、またその条文を書いた本）を授かったのち、目隠しをして出立。念仏を唱えながら白布の敷かれた布橋を渡り（その先はあの世だ）、真っ暗な姥堂に入る。そこで僧侶の念仏が小一時間続いたのち、東側の板戸が開かれ、夕日に照らされた霊峰立山のパノラマが眩しく目に焼きつけられる――それは、地獄から極楽浄土への転生を実感させる秘儀にほかならなかった。

山は古来、さまざまな産物を里人にもたらす場であると同時に、祖霊の鎮まる神域でもあった。ごく近くの山に祖霊がいるとする山中他界の観念は、やがて浄土思想（阿弥陀仏の西方極楽浄土に往生すること）と結びつき、立山は阿弥陀仏の鎮まる聖地となる。

他方で、古来女神とされた多くの山の神は、時代が下ると山姥的な存在へと零落していった。しかし立山の姥尊は、自然崇拝や祖霊信仰、地獄や極楽浄土の思想といったさまざまな信仰が交差するポイントにみずからのポジションを得、立山の地母神として人々を導いたのだ。

「霊木化現神」――ワン・アンド・オンリーの存在

白山女神立像（秋田県湯沢市・白山神社蔵）

ワン・アンド・オンリー。筆者が拝した神仏像のなかで間違いなくそういえるのが本像だ。

所在は、秋田県湯沢市松岡の坊中地区。その地名は、〇〇坊と号した修験者らの寺坊が集まる場であったことを物語っている。目指すお社は、地元の人が「お山」と呼び、麓から見上げるときれいな三角錐を見せる白山（標高二百八十九メートル）の頂上にあった。

今も廃寺の跡が残る山裾から、地元世話役の方にご案内いただきながら山道を登り、約二十分ほどで「白山神社」に到着。特別にお社の中に入れていただいた。

お社の正面奥に神像が奉安されているスペースがあり、両開きの扉があるのだが、それを覆い隠すように氏子・崇敬者らが奉納した帳が幾重も掛けられていた。世話役の方は「お畏れながら」と言わんばかりに、何度も柏手を打ち、礼拝したのち、一枚一枚その分厚いベールを取り外していった。

神社本殿に祀られている神像をその現場で拝観できることはまずない。それは**御神体であればなおのこと、本来は露わにすべきものではなく、そのお姿を直接「見る」ことはタブー視されてきた**からだ。

しかし近年、文化財調査によってその封印が徐々に解かれ、全国各地で神々の像が次々と〝発見〟されている。

とはいえ、御神体の像が人の目に触れることへの抵抗感は今も根強く、仏像に比べ神像の全体像はいまだ不明なことが多い。

それにしても、何というお像だろう。

標高289メートルの白山山頂に鎮座する白山神社の御神体。
足許の根付きはまさに霊木から顕現したリアリティを伝える

扉の奥にあらわれたのは、ほぼ等身大の像高の女神像である。手首から先を欠損しているが、何かを捧げ持っていたのだろう。長袖の上衣に裳(も)をまとい、胸の膨らみは少なく、腹部に少し丸みをたたえている。彫りは浅く、表情は最小限に抑えられている。

何より目を引くのは脚部の造形だ。大地に根を張った立木(たちき)の形状をそのままとどめた、根付きの像なのである。

実際に根付きの立木から彫り出されたとしても、なぜあえてそのようなお姿でなくてはならなかったのか。そこにしかるべき理由や意図があったと思わざるをえない。

仏像では「立木仏」といわれる類例がある。前出の福井県・諦應寺(たいおうじ)の立木銀杏(いちょう)観音（63ページ）などの根付きの像がそれで、それらはしかるべき霊木から観音の像があらわれたことを示す「霊木化現(けげん)」の像と説明されている。

つまり、**立木の霊木からカミが顕現したリアリティを伝えるための像容のひと**

つが、この根付きの像だったのではないかというわけである。

さらにお顔をよく見れば、ノミの跡が横縞（よこじま）を描くように残されている。これは鉈彫り（なたぼり）と呼ばれる、像の表面にあえてノミ跡を残す技法で、荒々しい木の質感を際だたせるとともに、あらわれ出る（いず）過程をも表現する手法と考えられる。

いわば本像は、立木の直彫りにして鉈彫りという、「霊木化現」の究極の表現ということもできるだろう。日本古来の御神木の信仰とダイレクトに結びついた「聖なるカミ」そのもののお姿といってもいい。

御神木からすっと女神があらわれた――おそらくは、そんなヴィジョンを永遠に形にとどめたのが、この女神像だったにちがいない。

そそり立つ「石造りの男根」が御鎮座

ほだれ大神（新潟県長岡市）

新潟県長岡市のJR長岡駅からクルマで四十～五十分ほどで、目指すお社にたどり着いた。路傍の小祠といった佇まいだが、一画が織りなす景観は、ただごとではなかった。

右を向けば、巨大な御神木の根元に石造りの男根がそそり立ち、左を見れば、磨耗し苔生した男女一対の石像が、おびただしく林立している。まさに道祖神の集積地である。

「いつでも開けて見られるようになっているから」との世話人の言葉に甘えて、お社の扉を開け、御神体を拝ませてもらう。榊や御幣で飾られ、注連縄が廻らさ

高さ2.2メートル、重さ600キログラムの御神体。これを神輿(みこし)に仕立てた「ほだれ祭」が毎年3月に行なわれる

「ほだれ大神」の社とその境内。
右に女杉（下来伝の大杉）、左に道祖神群が見える

石造の道祖神群。多くが双体（夫婦）の像で、近郷にあったものが
寄せ集められたのか、各地から奉納されたものだったのかは不明

れた「ご立派」としかいいようのない男根形が、小さな社の天井ぎりぎりまで屹立、いや御鎮座坐していた。

——その昔、村に男杉と女杉があった。ある年、大水で橋が流されてしまったため、男杉を伐って川に渡したところ、村ではよからぬことばかり起こった。ついには後家さんばかり増えてしまったため、これは女杉の祟りにちがいないということとなり、女杉の前に男根を祀った。それが**「ほだれさま」（ほだれ大神）**の起源なのだという。つまり、社のそばに立つ大木（下来伝の大杉）が女杉、社の前にある石の祠がもともとの「ほだれさま」だったらしい。

「〝ほだれ〟というのは、今は『稲穂が垂れる』の意味といわれるが、わしはもとから子孫繁栄の神さまじゃないかと思っとります」と古老は話す。ともあれ、素朴で力強く、そして懐かしい、由緒正しき日本の民俗信仰の原点がここにあった。**「五穀豊穣」**と**「子孫繁栄」**。どちらも間違ってはいまい。

天才的造形センス！「藁のモンスター」の謎

芦ノ尻の道祖神（長野県長野市）

寺社の信仰とは別のところで発生した民俗神像のなかには、ときに「素朴な」という言葉では形容できないインパクトとイメージ喚起力に優れた〝すごい〟像がある。**芦ノ尻**(あしのしり)**の道祖神**はまさにそれだ。

長野県東筑摩郡麻績村(ひがしちくまぐんおみむら)から旧大岡村（現在の長野市）に抜けるアルプス展望ロードをゆくと、遠く北アルプスを見晴らす直角のカーブがあり、展望所の脇に注連縄が渡された、ちょっとした空間がある。そして標柱には「芦ノ尻の道祖神祭り」の文字。

そこに**「藁のモンスター」**がいた。その左右には注連縄に飾られて居並ぶ石碑や石祠、石仏群。モンスターはそのヌシとして周囲を睥睨していた。

何よりその尊顔には驚嘆させられる。筆者は類似の像容を頭の中で探してみたものの、秋田県ほかで見られる人形道祖神にも似たものは思いつかない。むしろ、秋田のナマハゲや鹿児島県トカラ列島・悪石島のボゼ（盆の終わりに出現する仮面装束の異人）、あるいはニューギニア島の仮面神像などが近いかもしれない。このモチーフはいったいどこから来たのか。

なお、本像は道祖神をかたどった神像ではなく、〝**神面飾り**〟であるらしい。なぜなら、この本体は「道祖神」と記された石碑で、それに藁の注連縄を巻きつけ、さらに藁で調製した顔のパーツや被り物、供物を飾りつけて完成させるものだからだ。それが行なわれるのが、毎年一月七日の道祖神祭りである。

祭りを継承しているのは、この場所から少し北に下った芦ノ尻地区の住民三十三戸からなる大岡道祖神保存会だ。

その日、地区の各家庭で正月に飾られていた注連縄が集められる。そして前年の神面が取り外され、石碑に新たに飾りつけがされていく。それは実に手慣れた行程のようで、毎年ほぼ完全に同じ容貌が再現されている。

気になるのは、それを最初にいつ誰が、何をきっかけにして造ったのかだ。


かつてこの道祖神を〝発見〟し、調査を重ねた考古学者の故・森嶋稔(もりしまみのる)氏は、その疑問をもとに住人らに問いを重ねたものの、得られた回答はこうだったという。

「しらねえになあ。なんにも。俺らの親父さんもじいさんも言わなんだになあ。ただそうやるもんだということで、そうやって来ただけだに」(『大岡村芦の尻の道祖神祭――その内在する始源の記憶』一九七六年より)

道祖神石碑の記銘から、この祭りが始まったのは明治時代のはじめ頃だといわれている。もともと**道祖神は村境、峠などの路傍にあって**(芦ノ尻のそれもまさにそんな場所だ)**外来の疫病や悪霊から集落を守る神**である。それを祀る行事が、

「藁のモンスター」のような長野市・芦ノ尻の道祖神。
造りたての神面飾りは眉とヒゲの両端がピンと立つ

北アルプスを一望できる場所に鎮座する
芦ノ尻の道祖神の石碑、石祠、石仏群

小正月（こしょうがつ）の「どんど焼き」などの行事と結びつき（もとは一月十五日だった）、今あるスタイルになったのだろう。

　実は、長野県は知られざる道祖神大国である。石碑型のほか、石造像だけでも双体型、接吻（せっぷん）型、合掌型、乳さぐり型などさまざまなバリエーションが造られ祀られているほか、北信濃地方では木造の道祖神も知られている。

　しかし、**藁製の神面飾りはここにしかない。**おそらく明治期、この山間の地にこの造形をなしえた天才が出現したのだろう。そうとしか考えられない。そしてそれはどこにも流出せず、地区の中でのみ、行為の伝承として受け継がれたのだろう。

　こうして、令和の現在も芦ノ尻地区では毎年正月に神が出現するのである。

奇怪な一つ目の「山の神」に隠された信仰

山の神像（大分県竹田市・竹田キリシタン研究所蔵）

最初にその像と出会ったのは、十年ほど前、調べものをしているときだった。たまたま目にした小さな図版に、その像は載っていた。国立歴史民俗博物館発行の図録で、そこには**「山の神」**とのみ記されていたと記憶している。

これはいったい何者だろう。

その髪型から、女神像だと思われる。だとしても、この一つ目、鳥のような両翼、腹前でクロスする印象的な手印はどうだ。

山の神が女神形だというのはわかる。一つ目の像なら比叡山（ひえいざん）にも伝わっており、図像はないが天目一箇神という鍛冶の神も知られている。有翼の神仏という点では、飯縄・秋葉の権現像（神仏習合の神々）のほか、烏天狗の像もある。

ところがその像は、そのいずれからも遠い。日本のものらしいが、少なくとも仏教由来（密教や修験道を含む）の像ではなさそうだ。かといって、民俗信仰のカミにも類例が見当たらない――こうして「山の神」は一切の解釈を拒んだ謎の像のまま、記憶のなかに埋もれてしまっていたのだった。

ところが、最近になって不意に本像と出会う機会を得た。場所は大分県竹田市の「竹田キリシタン研究所・資料館」である。


九州の潜伏キリシタンといえば、近年、長崎と天草のそれが世界文化遺産となったことで注目されているが、竹田のほうはまだ一般には知られていない。

だが館長の後藤篤美氏によれば、「竹田市、とりわけ市北部の朽網地区（旧直入町）は十六世紀の半ば、キリスト教の八大布教地のひとつで、長崎や天草より古くから宣教師たちの活動拠点になっていた」という。そんな歴史をもつ旧直入

旧直入町、大庄屋の土蔵から見つかった「伝 山の神」正面像（右は女神、左は男神と伝わる）。いずれも、両手をクロスさせるポーズが印象的だ

れたのではないか」というのが氏の見立てである。

そしてこう続ける。

「山の神の祭りは新暦の十二月二十日頃に行なわれ、その日は誰も山に入ってはならないといわれていたそうです」

とすれば、その日付からして隠れキリシタンの聖誕祭（クリスマス）が山中で営まれたのかもしれないと後藤氏は言う。つまり、その祭りの際に礼拝されたのが本像だったのではないかと。

ともあれ、神仏の特異な容貌にはそれに見合った信仰の裏づけがあったはずである。ここは素直に、キリシタンの信仰が土着した「山の神像」と理解して差し支（つか）えないのかもしれない。

4章

人間が神として祀られる世界

……「生き仏」と「生き神」があらわす異相

人はいかにして神仏になりしか——。

ここに取り上げた人物の像を取材しながら、そんな根本的な問いに行き当たった。

よい行ないを通じて、人々に讃(たた)えられた人物もいるだろう。しかし、善行を積んだだけでは、歴史を超えて語り継がれる人にはなれまい。

結局のところ、「聖(ひじり)」や「菩薩(ぼさつ)」と呼ばれた人たち、あるいは「生き神」や「生き仏」のように扱われ、後世に長く語り継がれる人物は、通常の人間ではありえない生き様や行動、伝説を残した人であったことに改めて気づかされる。

いわば、ありえない人であればこそ、われわれはその人に聖なるものを感じ、畏れ崇め、「御像(みかた)」を造って後世に伝えてきたのである。

そのような人物像は、やはり容貌にあらわれる。

ここに紹介する人物は、いずれもその人の像を拝見したことが、その生き様をさらに深く追求するきっかけになっている。

たとえば、弾誓は、あらわされた像が強烈に訴えかける何ものかに突き動かされて、その生涯や人物像を後追いすることになった例である。

また、役小角や元三大師良源などは、その存在は知っていたものの、思いもよらぬ異貌を発見することで、その人物像を再認識することになった例である。

於竹大日如来や小野小町にいたっては、そのありえない風貌を観た驚きに突き動かされ、その人の伝説を探索することになった例である。


結論として、**尋常ならざる容貌は、そういう表現でなければ伝えようがないモチーフが内在しているからこそ、そのようなお姿になっている**ことを思い知らされた。

実に当たり前の話である。ただ、この章で取り上げた人物の相貌をご覧になれば、ここで述べたことを納得していただけるのではないかと思う。

瞠目！　伝説的行者・役小角の凄まじい形相

役行者像（山梨県甲府市・円楽寺蔵）

修験道の開祖として崇められる**「役小角」**（役行者）をご存じだろうか。

神通力を操って自在に飛行し、霊峰・大峰の神を祈り出し、鬼神を使役して橋をかけるといったマジカルな能力を発揮。弟子の讒言によって伊豆大島に流されるや、かの地から夜な夜な富士の峰へと飛行し修行を積んだ——などと伝わる、七世紀の伝説的行者である。

その像は、ゆかりの地である吉野・大峰のほか、各地の修験道の拠点に残されているが、その原像ともいうべき最古の像例が、山梨県甲府市の七覚山円楽寺に残されていた。

役行者像。その形相は、鬼神を使役するほどの
伝説的な行者ゆえの厳しさが伝わってくる

役行者が従える前鬼（右上）と後鬼（下）。誇張された目や体つきなどが異様な雰囲気を醸し出す。左上は役行者の母・白専女

薄暗い護摩壇奥に安置された木彫像の間近に寄って、ライトを当てる。浮かび上がった表情に思わず息を呑んだ。

何という形相！　眉間にグッと力を込め、目を吊り上げ瞠目し、何かを叫ぶように開口している。前方に投げ出した左足は、アスリートのように長くたくましい。

これでもかとばかりに異相が強調された眷属の前鬼・後鬼像、傷んだ木肌が凄みを感じさせる白専女（小角の母公）像ともども、類例にはない印象だが、「これぞ本来のお姿なのだ」と、理由もなく確信する。

円楽寺はその昔、小角が富士山を開いたときに逗留した地と伝えられ、明治期以前、これらの像は毎年、富士山の山開きの際に当寺より出張し、富士の二合目にあった行者堂に安置されていたという。

凄まじい気合いを放つこの役行者像は、富士山修験の行者らにとって、畏怖すべきものであると同時に〝頼もしき祖師像〟として仰ぎ見られたにちがいない。

降魔の迫力！「鬼」に変じた厄除け大師

元三大師坐像（新潟県加茂市・雙璧寺蔵）

寺院にはときに「客仏」がおられる。祀られることなく安置されている仏像のことである。

その寺に伝来した事情はさまざまだが、そのなかにはきわめて珍しい像が紛れている場合がある。たとえばこの新潟県加茂市・雙璧寺にある木造の**「元三大師坐像」**だ。

たまたま加茂市の指定文化財のサイトでそれを〝発見〟したときは驚いた。

何という異相。頭上には二本の角、口許には針金状のヒゲがぴんぴんと生え、眉をひそめて虚空を見上げている。右手に宝剣を手にし、胸に瓔珞をつける様は不動明王にも似ているが、剝き出しの肋骨がより異様な迫力を醸し出している。

それが元三大師の像で、しかも曹洞宗の寺院に奉安されているというのが二重の驚きだった。


元三大師とは、比叡山延暦寺中興の祖といわれる良源のことである。命日が正月三日だったことから、一般に元三大師の通称で親しまれている。

もとより良源は「厄除け大師」と呼ばれ、生きながらにして鬼に変じたという伝説は広く知られている。こんな話である。

「世に疫病が蔓延していたときのこと、良源は、疫病神の魔の手から人々を救うべく大願を立て、弟子に等身大の鏡を用意させて、その前で観想三昧（精神統一して行なうイメージング）に入った。すると驚くべきことが起こった。鏡に映った良源の姿がみるみる変容し、最後は鬼そのものになってしまった……」

正確には、良源はみずから鬼に変じたのではなく、観想の結果生じた加持力

（念じる対象と行者が感応する力）を、鏡に映し出すことであらわしてみせたのだ。そして伝説はこう続く。

「良源は、その姿を弟子に描き写させ、版木に彫らせて刷ったお札(ふだ)を加持し、『この札を配布して戸口に貼れば、邪魔は近寄らず、一切の災厄から逃れられるだろう』と告げた」

この伝説は、天台系寺院で頒布(はんぷ)されている**「角(つの)大師のお札」の由来譚**となっている。そのお札は、**「魔滅(まめ)（豆）大師のお札」**とともに厄除けの護符(ごふ)としてお馴染みのものである。

一方、角大師の木彫像は廬山寺(ろざんじ)（京都市上京区）などいくつかの寺で確認されているが、いずれも、護符の図案をもとに彫られたと思しき像容で、本像とはモチーフの質が異なっている。

おそらく本像は、先の伝説とともに「厄除け大師」信仰が発生して間もない時期の造立だったのではないだろうか。その年代が鎌倉時代後期とされているのも、

木造元三大師坐像（鎌倉後期）。まるで鬼のような異相。
専門家によれば、慶派仏師・康円（こうえん）の作ともいわれている

右は「角大師」、
左は「魔滅（豆）大師」のお札

この推定と矛盾しないように思われる。

そんな像が、なぜ新潟の禅宗寺院に伝わっているのか。

聞けば、さる天台宗の古刹の旧蔵で、明治期に寺外に流出。新潟の資産家を経てこの寺に納められたという。流転のすえ、他宗の寺に間借りする形で第二の安住の地を得たわけである。

ともあれ、このような大師像は珍しい。元三大師を祀る仏堂が各地にあるなか、同種の像が知られていないのは、これまで絶対の秘仏として公開されなかったためかもしれない。本像は、歴史の偶然が引き合わせてくれた貴重な像であるとともに、信仰の発生を物語る、歴史的にも重要な像例なのである。

さながら出山釈迦像！「生き仏」と崇められた弾誓の自刻像

弾誓仏立像（京都府京都市・阿弥陀寺蔵）

ある特異なお像と出会ったことがきっかけで……というのは往々にしてある。

ある調べものの最中、その尊像が不意に目に飛び込んできた。その最初は、長野県松本市の西善寺に伝わる弾誓仏立像だった。

「弾誓仏」はまさにそうだった。

合掌し、蓮華に乗って来迎するお姿。宝冠をいただくさまは仏菩薩を思わせるが、その面貌は明らかにヒトのそれである。

これは何者だろう。

引き込まれるように「弾誓」なるワードを検索していくと、次第にその人物の輪郭が浮かび上がってきた。しかしてその真相は、戦国時代から江戸の初期にかけて実在し、**「生き仏」と崇められたカリスマ修行僧**だった。

知らなかったのは筆者の浅学ゆえのことであり、弾誓その人の数奇にして驚くべき伝説はさまざま伝えられていた。

ここでその多くを語る紙幅はないが、何より注目すべきは、この修行者は長年の苦行遍歴のすえ、佐渡島の北方、檀特山の岩窟で「生身の阿弥陀仏」に相まみえたとする逸話だろう。

「そのとき岩窟が変じて浄土となれり。教主弥陀如来、その身をあらわして微妙の法を説きたまう……そして、上人に直に授記（仏となることを証すこと）して十方西清王法国光明満正　弾誓阿弥陀仏と呼びたまう」（『弾誓上人絵詞伝』）

弾誓はそこで授かった教えを『弾誓経』六巻にまとめ、信濃、相模、遠州（長野、神奈川、静岡）などを遊行。阿弥陀仏の化身として戦国の世に疲弊した民衆

人々から永住を懇願されたため、弾誓上人みずから霊木を
伐って草刈り鎌で自像を彫り、自身の頭髪を植えたと伝わる

を救済してまわり、京都・大原の古知谷で即身仏（ミイラ仏）となった。布教の証として生涯に与えた名号札（「南無阿弥陀仏」と記された札）は四百万あまりにのぼるという。

弾誓はまさに、「生ける阿弥陀仏」だった。そんな人物は、空前にして絶後だろう。

その死後、弾誓の法流は捨世派の念仏僧（寺院の世俗化や形骸化を嘆き、念仏に専念するために隠遁生活を選んだ僧たち）や天台宗弾誓派へと継承されていったというが、近代以降はほぼ忘れられた人物といっていい。

しかし、この像容が醸し出す何ものかに惹かれて追跡し、知り得た断片的な情報は、予想に違わぬ弾誓の破格の生涯を伝えていた。

京都洛北、大原の里からさらに数キロ入った古知谷に、「弾誓佛一流本山」阿弥陀寺がある。

その聞き慣れない寺格は、「浄土宗でありながら阿弥陀仏と同様に開山の弾誓上人を弾誓佛として本尊としているため」であるという。
この弾誓終焉の地には、入定窟が当時のまま残されており、明治期に新造された**石棺に弾誓のミイラ仏**が納められている。そしてその脇の本堂に、中尊・弾誓仏像がお立ちだった。

眉間の上には仏の象徴というべき白毫が見え、如来（仏）の立像を思わせながらも、やはりヒトの顔だ。耳の横には毛髪らしきものが残されている。
住職によれば、本像は弾誓がみずから草刈り鎌で彫り、自身の毛髪を植えたもので、もみあげ部分はその名残りだという。**その佇まいは、さながら釈迦が山中で苦行したのち、人々の前に現われた「出山釈迦像」**であった。

「知れば知るほど、われわれ一般の人間の常識では測り知れない存在です」と言う住職の話を聞きながら、この「自作自像植髪の尊像」は、やはり「弾誓仏というホトケの御像」なのだと思い知った。

正体は「如来さま」だった！　お竹の尊像

於竹大日像（東京都港区・心光院蔵）

東京都港区の心光院（しんこういん）にある**於竹大日像**（おたけだいにちぞう）の「於竹」とは女性の名（お竹、竹女）で、「大日」とは大日如来のことである。

まずはそのギャップに戸惑う。いうまでもなく、大日如来は真言（しんごん）密教の教主であり、仏の中の仏というべき存在である。そのような至高の仏に擬せられ、生き仏と称された女性がいたというのである。

そんな「於竹大日」に、江戸庶民が大挙して詣でたというから面白い。のみならず、和歌や川柳（せんりゅう）に詠（よ）まれ、浮世絵に描かれ、歌舞伎の演目にもなっている。

お竹とは何者か。

心光院の境内に奉安されている於竹大日の坐像。
もとは奉公人だった女性が「生き仏」となった

嘉永二年（一八四九）の『於竹大日縁起』には、「生国も父母も不明だが、何事にも心遣いに優れ、片時も念仏を欠かさないような女で、豪富の家に仕えながらもおのれの食いぶちを減らして『物乞いや牛馬に施し』、みずからは厨房の流し板の端に布袋をくりつけ、流れてくる米粒を集めるなどして少しの食もむだにしなかった」とある。

いわば質素倹約を旨とする奉行人の鑑だったというわけだが、それが生き仏へと昇華したきっかけは、出羽（現在の秋田県と山形県）と江戸を行き来する修験者らの情宣活動にあった。

この「縁起」ではこう伝えている。

「元和寛永（江戸初期）の頃、武蔵国比企郡（現在の埼玉県）にひとりの行者がいて、何とか生身の大日如来を拝んでみたいと願い、出羽の羽黒山に通っていた。すると滞在先の宿坊でこんな夢告を受けた。『汝、わが尊容を拝せんと思わば、江戸に行きて佐久間某が侍女、竹女という者を拝すべし』と。

行者は如来の言葉に大喜びし、僧侶を伴って勇躍江戸に上り、『佐久間某の侍女』を捜し、大伝馬町にあるその屋敷を突き止めた。主人に申し出、その夜密かに竹女の部屋をうかがうと、不思議なことに、その容貌は端正美麗というばかりでなく、全身より無量光明を放ち、光り輝く有様であった（大意）」

こうして、〈お竹は大日如来の化身〉と告げられた佐久間家の主人は、お竹に女中奉公をやめさせ、持仏堂を造って念仏に専念させた。以後、お竹は人々の悩みを親身に聞き、仏の道を説いていったという——。

この逸話に感動し、お竹を讃える御詠歌を残したのが、かの桂昌院（第五代将軍綱吉の生母）だった。そして、徳川家の菩提寺・増上寺（東京都港区）山内の心光院に「お竹の流し板」を奉納し、奥女中に信仰させたという。

これをきっかけに、当時のさまざまなメディアがお竹の事績を取り上げ、その存在は江戸中に知れ渡った。

浮世絵師・歌川国芳が描いた
「お竹如来昇天の図」

いわば一種の流行神（仏）ともみなされている「於竹大日」だが、一発屋としての流行神というよりは、むしろ江戸庶民の心に刻まれ、語り継がれた説話のヒロインといったほうが近い。

その信仰は、〝奉公人の鑑〟から女性の守護尊へと広がったといい、今も心光院やお竹の墓のある善徳寺（東京都板橋区）、於竹大日堂のある羽黒山正善院（山形県鶴岡市）などでは法要が営まれ、参詣する人も絶えないという。

庶民信仰が栄えた江戸時代、高級な神仏ではなく、**自分たちと同じ地平から成仏を果たしたという於竹伝説は、市井の人々に強く訴えかけるものがあった**のだろう。可愛らしくもあるその尊像は、今も純な眼差しをこちらに向けている。

「怒りの面相」で人々を癒やす修験者の石像

とうがらし地蔵（東京都文京区・正行寺蔵）

東京都文京区の正行寺（しょうぎょうじ）境内に一風変わったホトケが鎮座している。

今はモダンな設え（しつら）のお堂に納まっているが、以前は目立たない質素な小屋だった。というのも、三十年ほど前、筆者が上京してすぐに住んだアパートが同じ境内にあり、毎日この小堂を横目で見、そこに**「とうがらし地蔵」**があるのも知っていた。にもかかわらず、意識して中のお像を拝した記憶はなかった。

ところが、何の因果か、異相・異形の神仏像を探究するようになってから、再びこのお像とめぐり会ったのである。

これは、いったい何者だろう。

「とうがらし地蔵」と呼ばれる石地蔵は、都内にも複数確認されている。たとえば同じ文京区の福聚院境内のそれは、石地蔵に供物の唐辛子が首飾りのように掛けられたもので、**子どもの咳や喘息を癒やすホトケ**として拝まれている。しかしそのお姿はあくまで〝ふつうの地蔵像〟である。

だが本像は違う。

帽子やマフラー、前掛けに包まれたお顔は、こちらをカッと睨みつけるような怒りの面相。胴体や四肢はざっくりした造りだが、今にも立ち上がりそうな勢いを感じる。

寺伝によれば、江戸前期に実在した覚宝院という人物の像らしい。彼はいわゆる修験者で、人のために病苦の快癒を祈れば神のごとく霊験をあらわしたという。また、普段から酒を好み、肴に唐辛子を噛んだり、あるいは刻んで酒に入れ、「佳肴なり」と言ってほかのものを一切口にしなかったらしい。よく見れば、像の手前にはパック詰めの唐辛子が供えられていた。

「とうがらし地蔵」は、古来、咳の病に霊験あらたかで、
人々はこの像に唐辛子を供え、諸願成就を願ってきた

覚宝院は正行寺と縁があり、住職とは親しい囲碁友だちだったという。その彼があるとき、自刻の石像を寺に持ち込んで、住職に「私が没したらこの石像を標（しるべ）としてほしい」と申し出、こう告げたという。

「これからは人々の邪（よこしま）ではない願い、痰（たん）から起こる病、とくに小児の苦しさを救いたい。たとえこの身が朽（く）ちようと、私の魂は朽ちない」

そして寺を辞去するやいなや、覚宝院は事切れてしまったという。こうして残されたのが「とうがらし地蔵」だった。

先の大戦で、本像は空襲を受けて破損。戦後再刻されたのが現在の像で、以降ひっそりと伝えられてきたのだが、近年、境内地の改修にあたりお堂を解体し地面を掘ったところ、埋葬されていた覚宝院の遺骨が発見されたという。

「石像の下に、それがあるらしいという話は聞いていましたが……」と現住職。

現在は、骨壺とともにモダンな堂舎に再安置され、心なしか霊験あらたかな本

傍ら(かたわ)の案内板には**「小野小町(おののこまち)百歳像　小町は絶世の美人であったが、世の無常を悟り、本像をつくったといわれる」**とある。

平安時代前半を生きた小町がこの像を造ったとはとても思えないが、伝承はそれとして、なぜこのような像が造られたのか。そこが気になる。

小野小町は世界三大美人のひとりとして知られるが、その容貌を伝える史料は何もない。おそらくここで強調されているのは、絶世の美人もいつかはこうなる、という**「無常」の真実**にあるのだろう。

何より小町自身が、「百人一首」に残るこんな一首を詠んでいる。

〈花の色は　うつりにけりな　いたづらに　わが身世にふる　ながめせしまに〉

むなしく恋の思いにふけっている間に、私はすっかりこんな容貌になってしまった——。

それにしても、目の前の像は、美貌の衰えといった言葉ではもはや語りえまい。醜の極致にまで貶(おとし)められた、人ならぬ容貌がそこにあった。

歴史的事実としては、小野小町の出自はもとより、（諸説あるが）本名すら不明で、宮中にあって歌をよく詠んだこと以外は何もわかっていないという。

その歌のほとんどは恋愛、逢瀬への思いを詠ったもので、小町はときに情熱的、ときに妖艶に恋心を詠い、相手を突き放したかと思えば、どうにもならない女心の憂愁を詠っている。

それら恋愛の機微を細やかな情趣で詠いあげる小町の歌は、多くの男性の琴線に触れるものだった。しかし、その世評が高まるにつれ、色好みの女、驕慢（高飛車）な女、といったイメージがつきまとうようになる。

そして、作者不明の漢詩文『玉造小町子壮衰書』が、晩年の小町像に決定的な影響を与えた。そこには、「やせ衰え、頭は霜降りのヨモギ、肌は凍った梨のよう。骨筋ばかりが目立つ身体で、顔は黒ずんで歯は黄ばみ、衣もつけず、裸足で、言葉も不明瞭で足許もおぼつかず……」という小町の容貌が描かれている。

まるで退耕庵の像さながらの描写である。

ただ、これはあくまで「玉造小町」なる架空（？）のキャラクターで、『古今

京都・東福寺退耕庵の「小野小町百歳像」。
絶世の美女と謳われた人物とは思えないほどの姿……

和歌集』にその名を残す小野小町とは別人格とされる。しかし、世人は〈あの小町にちがいない〉と受け止めた。そして、そのイメージのまま『卒都婆小町』をはじめとする〝老女物〟の演目となって後世に流布していったのである。

滋賀県と京都府の境、かつて逢坂の関があった谷間に**月心寺**がある。逢坂は小町が登場する能の演目のひとつ『関寺小町』の舞台となった地で、その境内には、「走井」の井戸、雅趣に豊んだ池泉庭園と薬師如来を祀る小堂、小町百歳像を祀る百歳堂などがある。その小町像は、これまで見た小町像とはまるで違っていた。何と目をらんらんと輝かせ、呵々大笑しているのである――。

なぜ、このような小町像が……。やはり同じ疑問が頭をもたげる。

「祟るからじゃないですか」と、月心寺の代表役員・橋本眞次氏はそう即答した。本像は、老衰零落した小野小町が庵を結んだ場所の近くにあったとされる大津の関寺から伝わったもので、以前、住職をつとめていた尼僧は、「小町さんは血を好む」、「小町はケガをした女性に跡を継がせる」と人に話していたという。

大津市・月心寺の「小野小町百歳像」。カラカラと声高(こわだか)に大笑いする様子は、いったい何を物語っているのか

なぜ小町は祟るのか。

『卒都婆小町』の小町は、かつて自分を愛し、恋を成就できなかった深草少将の怨霊に取り憑かれ、狂態を呈する老巫女そのものだった。能の演目では、やがて狂いから醒め、後世の成仏を願うことが人の道であると語っているが、ここ逢坂の関ではそうはならず、老いの嘆きが生者の女性への復讐に転化したのだろうか。

絶世の美女、歌仙と讃えられながら、色好みとバッシングされ、ついには老醜を晒して人々に忌避された小町。美と醜、羨望と蔑視、崇敬と忌避……もとより、カミにもオニにもなりうる属性が小町にはある。

このうちの負（オニ）の側面が、都と東国の境界地点（逢坂）で発現した——のだとすれば、「なぜこの像が」ではなく、「だからこの像が」カミ（オニ）として祀られなければならなかったのかもしれない。

5章

究極の救済者――
「阿弥陀仏」と「地蔵菩薩」

……〝ありえないお姿〟に秘められた慈悲と救いとは

「厭離穢土　欣求浄土」

徳川家康は、戦に臨み、こんなスローガンを記した旗印を掲げていた。「穢れにまみれたこの世を離れ、浄土すなわち**阿弥陀如来**の極楽世界を追い求めるべし」――それは戦国の世に限った話ではなかった。来世への思いはどんな時代にあっても人の心のなかにある。そして、その思いが強ければ強いほど、尋常ならざる阿弥陀如来（およびその前世）の像が生まれる。

なぜそのホトケは正面を見ず、みかえりの姿勢なのか。

なぜそのホトケは巨岩の上に仏頭をいただいた像なのか。

なぜそのホトケは螺髪が伸びっぱなしのアフロヘアーなのか。

なぜそのホトケはガリガリのやせ仏なのか――。

ここで取り上げた仏像は、われわれの想像の斜め上をゆくものばかりだが、そうでなくてはならない理由がきっとあるはずである。本章はそんな思いにも迫ってみたい。

ところが、阿弥陀仏の救済にあずかることのできない人もたくさんいた。因果応報のことわりでは、生前の行ないがあの世の報いになるという。だが自分は、この世で功徳（善行）を積むどころか、殺生から逃れることはできず、欲にまみれ、餓鬼のように貪ってばかりだったではないか――そんな思いを抱いた人がむしろ大多数だったにちがいない。

しかし、そんなわれらには**お地蔵さま（地蔵菩薩）**がおられる。

何より、地蔵尊は六道（地獄道・餓鬼道・畜生道・修羅道・人間道・天道）の衆生すべてを救済するホトケである。

また、ブッダがこの世を去って五十六億七千万年後に弥勒仏が出現するまでの無仏の期間、地蔵尊が衆生を救い導いてくれるとも経典に説かれている。

さらにお地蔵さんは、われわれの代わりに苦を受け止めてくれるホトケであるともいわれている。

こうして人々に寄り添ってくれる地蔵尊であればこそ、さまざまなお姿であらわれると考えられたのである。

臨終者を浄土へ導く「端麗優美な眼差し」

阿弥陀如来立像（群馬県高崎市・萬日堂蔵）

「みかえり阿弥陀像」といえば、京都・永観堂禅林寺の像が知られている。仏像の異相という点にフォーカスすれば、あれほど逸脱した異相はあるまい。何しろ、正面から拝む者にそっぽを向いているのだ。

「日本に五体しかないもののひとつ」といい、一般にはあまり知られていないみかえり阿弥陀像のひとつが、群馬県高崎市の萬日堂という仏堂にあった。

室町時代の作と推定されているその像容はきわめて端麗で、静から動へと移行する一瞬の動きが破綻なくあらわされている。両手先と額の白毫を欠くのが残念に思える美像である。

深い眼差しが印象的な萬日堂の阿弥陀如来立像。
住職はおらず、地元の世話人らによって管理されている

首を真横にねじって振り返る永観堂像ほどではないが、その名のとおり、像の首は大きく左側にねじられている。角度にして七十〜八十度ぐらいだろうか。視線は下向きで、下からのライティングでようやく玉眼（ぎょくがん）がはめられているのが確認できる。

残念ながら萬日堂阿弥陀如来立像（にょらいりゅうぞう）の由緒は伝わっていない。ちなみに、手本となったとされる永観堂像の由緒はこうだ。

永保（えいほう）二年（一〇八二）、僧永観は、阿弥陀堂のなかで念仏行道（ぎょうどう）をしていた。すると突然、阿弥陀像が須弥壇（しゅみだん）を降りて永観を先導し行道をはじめ、左肩越しに振り返り、「永観、遅し」と声をかけられた——。

永観が行なっていたのは、おそらく「常行三昧（じょうぎょうざんまい）」という念仏行だろう。比叡山（ひえいざん）に伝わるその作法は、九十日間横臥（おうが）（横になって寝る）することなく阿弥陀像のまわりをぐるぐる回りながら念仏を唱え続けるという壮絶を極めるものだ。

その苦行の成就は**「見仏（けんぶつ）」**にあるという。「仏を目の当たりに見る」ということである。つまり、永観はそれを成就させたのだ。彼にとっては「まさにこのお姿」だったのだろう。

では、萬日堂阿弥陀如来立像の場合はどうか。

この像はおそらく永観堂像の模倣ではなく、まったく別の造像理由があったのではないかと筆者は想像している。

そのヒントは、**「臨終行儀（りんじゅうぎょうぎ）」**にある。つまり、死が迫る者の枕許に阿弥陀仏を置き、仏の指につないだ五色の糸を臨終者に持たせ、その人とともに息が絶えるまで念仏を唱える臨終の作法である。

この場合の**阿弥陀仏は、臨終者を浄土へと導く存在**である。だとすれば、本像の視線のもつ意味が了解できる。その眼差しは、枕許の臨終者へと投げかけられているのだ。

とはいえ、この萬日堂像はなぜそのお姿でなくてはならなかったのか、という疑問は残る。

萬日堂は、高崎市内を流れる烏川と碓氷川の合流地点に近く、中山道と草津街道の分岐点に位置している。つまりここは、こちら（此岸）と、あちら（彼岸）を分ける〝境界〟が集約された場なのだ。

何らかの事情によって、中山道を介し川を渡され、この地に送られた人もいたかもしれない。なかには無念のうちに死にいたった御霊もあったかもしれない。それらを畏れ、悼む強い思いが、西方極楽浄土へと力強く引導してくれるホトケを求め、特別に念入りなみかえり像を造立させた――とみるのは、やや想像がすぎるだろうか。

ともあれ、その眼差しは、仏の救済の有り様を無言のうちに教えてくれているようだ。

神宿る巨石に仏頭を載せた謎の阿弥陀仏

万治の石仏（長野県下諏訪町）

諏訪大社下社・春宮にほど近い田んぼの真ん中に、その石像はどんと坐していた。正面から見るとお椀を伏せたような形だが、背後は緩い傾斜をなす巨石に、仏頭がちょこんと載っている。「万治の石仏」である。

巨石の前面に、ホトケの坐像が浮き彫りに描き出されており、手に阿弥陀仏の定印、胸前に「逆卍」ほか暗号めいた紋様が刻まれている。そしてこの御尊顔――。

巧拙を超え、「仏像とはこうあるべきだ」という固定観念が吹っ飛ぶような不思議な存在感である。

万治の石仏。胴体部分は、高さ2.7メートル、奥行きは
4メートルの輝石安山岩でできている

頭の高さは63センチで、胴体とは別の石材からなる。
なぜ、胴体の石とは違うものなのか……

案内板には、『諏訪大社下社春宮』に石の大鳥居を造る時、この石を材料にしようとノミを入れたところ傷口から血が流れ出したので、石工たちは恐れをなし仕事をやめ」、やむなく阿弥陀仏を刻んだと書かれている。

鳥居の話はともかく、巨石への恐れは、古くからの磐座（神宿る聖石）信仰を思わせるものだ。では、そんな聖石に誰がどんな思いを抱いて造像を施したのかが気になる。像には、**「南無阿弥陀仏」「万治三年十一月一日」「願主・明誉浄光、心誉廣春」**の文字が刻まれていた。

この消息を追跡した宮島潤子氏は、万治三年（一六六〇）は生き仏と謳われた弾誓上人（143ページ）の五十回忌にあたり、願主ふたりは弾誓の流れを汲む作仏僧（造仏を行なう僧）だったという。そしてこの仏頭を、弾誓が阿弥陀仏から説法を受けた際に授かったとされる仏頭と関連づけている（『万治石仏の謎』）。

だとすれば、この石仏は、磐座信仰と弾誓仏の信仰との出会いがもたらした、絶妙のコラボレーションというよりほかないのかもしれない。

異様なアフロヘアーが表現する「衆生救済」の思い

五劫思惟阿弥陀仏坐像（東京都世田谷区・淨眞寺蔵）

「東京名仏」という標題で、江戸・東京ならではの仏像紹介の企画を立ち上げたとき、その目玉となる名所として念頭に置いたのは、目黒・五百羅漢寺（39ページ）と**世田谷の淨眞寺**だった。

前者は比較的よく知られており、拝観もしやすいのだが、後者はあまり知られていないようだ。あるいは、この寺の通称で、東急大井町線の駅名や付近の地名にもなっている「**九品仏**」といったほうが通りがいいかもしれない。

九品仏とは、人間の機根（仏道修行の能力・資質）に応じて来迎する九種類の阿弥陀仏をいう。境内の奥には上品、中品、下品の三堂に、それぞれ三体ずつ阿弥陀仏坐像の巨像（平均像高二・八メートル）が安置され、それと相対するように西向きに建つ本堂には、やはり巨体の釈迦如来坐像（像高約三メートル）が鎮座している。

この釈迦は、こちらの岸（現世）から送り出す役目を担う「発遣の釈迦如来」とされ、一方の九品仏は「来迎の阿弥陀如来」とされ、西方極楽浄土へ迎え入れる役目を担っている。

そんな世界観を壮大なスケールであらわすのが浄眞寺仏像群なのだが、この寺には阿弥陀仏信仰を象徴するもうひとつの「名仏」がおられる。この**五劫思惟阿弥陀仏**である。

その像例は少なく、比較的知られているのは東大寺像や奈良・五劫院像、和歌山・道成寺像くらいであろうか。ただ、近年「アフロヘアーの仏」としてマニアックな人気を集めているとも聞く。

その理由はいうまでもあるまい。その**体軀に比して異様なボリュームを誇る頭**

五劫思惟阿弥陀仏坐像。高さ119.5センチ。
瞑想時間の長さを頭髪のボリュームであらわしている

髪（螺髪）が印象的なキャラとして注目されているのだろう。

なぜこのような特異な髪になったのか。それは、**「阿弥陀仏が法蔵比丘（菩薩）だった頃、五劫という長い年月すべての衆生を救い取ろうと思惟し続けたため」**であると説明されている。

「劫」という語は、「方四十里もある大磐石を百年に一度ずつ白氈（フェルト状の敷物）で払って、その盤石が擦り切れて磨滅するまでにかかる期間より長い時間」を意味するという（異説もある）。

これはインド人らしい誇張表現というよりほかないが、そんな時間経過をおびただしい頭髪の量（長さ）でのみあらわし、顔が童顔のままであるところが、この仏像のユニークなところである。つまり、このギャップにより「頭髪の異常さ＝果てしない時間」を印象づけるのがこの像のコンセプトであったのだろう。

結果として、一切の衆生が念仏を唱えることで極楽浄土に往生できるというのも、自分がこれだけの修行を重ねたからである――と、この仏像は問わず語りに主張しているのである。

屈葬のミイラを想起させる「ガリガリのやせ仏」

五劫思惟の像〈黒ぼとけ〉（愛知県碧南市・應仁寺蔵）

地元では「**黒ぼとけ**」と呼ばれているらしい。

愛知県碧南（へきなん）市の應仁寺（おうにんじ）。その境内にコンクリート造りの祠があり、二体の像が安置されている。

近所の子どもらがこれを見て泣きだしたという話もあるそうだが、無理もない。**浮き上がった骨とそれを包む皮だけの像容**。とくに写真の像は、右膝を立てて両手を添え、首を傾けるさまは屈葬のミイラのようにも見える。

頭髪の形からしてホトケの像のようだが、いわゆる仏師の手によるものではあるまい。その外観から、紙粘土などで成形し、黒漆で仕上げられたものと思われる。しかも、寺のお堂に祀られていないことから、御本尊として祀られるようなお像ではなかったのだろう。とはいえ迫真の造形ではある。

これはいったい何者なのだろうか。

ヒントは、像の脇にある「五劫思惟の姿」と、壁面の「岩月藤ェ門作」の文字だ。「五劫思惟」ということは、成仏する以前の阿弥陀仏（法蔵菩薩）が、無限にも思われる長い時間（五劫）、思惟したとする説話に由来する像だろう。そうなると、前項の〝アフロ仏〟とはあまりにもかけ離れたモチーフである。

郷土史家・杉浦明氏の調べによれば、「岩月藤ェ門」なる者は幕末〜明治期の農民で、この像は、かつて應仁寺を中心に盛大に行なわれた「蓮如忌」（浄土真宗中興の祖・蓮如の忌日法要。蓮如は應仁寺を拠点にこの地の布教を行なった）に参集した人たちの賽銭目当てで造られたものという。

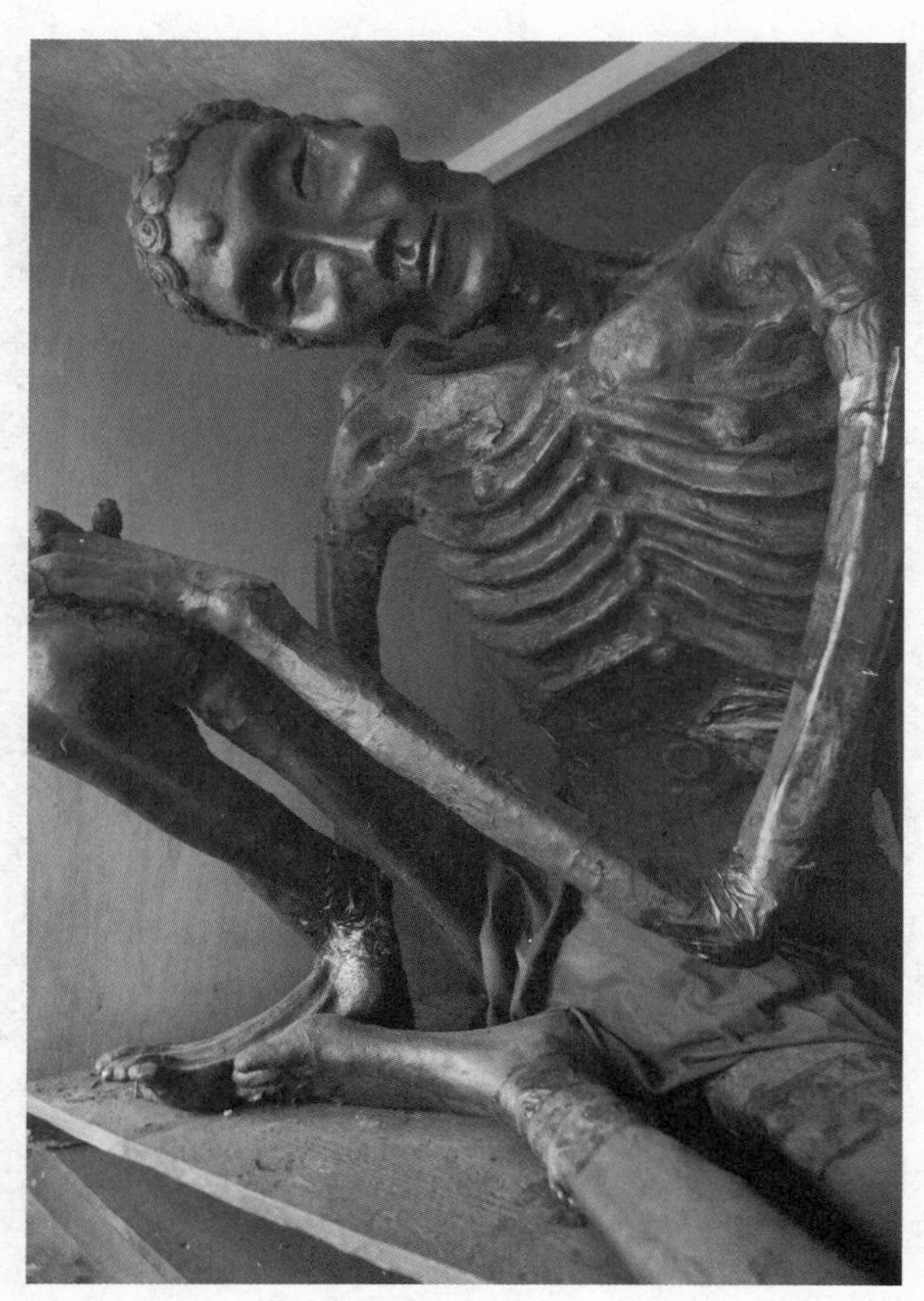

五劫思惟の像。179ページとは対照的に、こちらの像は
瞑想のストイックさをあらわしているかのよう

「とはいえ藤ヱ門の生活を懸けた力作で……その異形さと世話人の口上とが相まって、『蓮如さん（應仁寺の通称）の黒ぼとけ』と、あまたの参拝客に結構な人気を博した」（杉浦氏）とのことだ。

要するに、ウケ狙いの見世物だったのだろうか。

確かにそうかもしれない。ただ、この異形極まりない「やせ仏」が人気を博し、賽銭を集めたとすれば、信仰の対象となりうる何かがそこにあったのではないだろうか。

取材の過程でわかったことだが、実は、日本の各地に（数こそ多くはないが）、類似の像が残されていた。とりわけ、真宗（浄土真宗）王国の富山県に「やせ仏」が多く伝わっていた。

富山県の文化財調査などに携わる尾田武雄氏によれば、痩身の法蔵菩薩像は地元砺波市ほか、富山市に十六体（うち三体は木造）、立山町四体、上市町一体、黒部市一体の合計二十二体が確認されているという（『とやまの石仏たち』）。

尾田氏によれば、その信仰の鍵は、宗祖親鸞が教えの要諦を説いた『正信偈』の冒頭に法蔵菩薩が出てくること、加えて、親鸞聖人のつねの言葉として、「弥陀（法蔵菩薩）の五劫思惟の願をよくよく案ずれば、ひとえに親鸞一人（を助けん）が為なりけり」と書かれていることにあるという。

つまり、「数限りない悪業をもった自分（親鸞）」をも救うために、弥陀は五劫の思惟をなされた。いわば、**「長い間、われらのために、われらに代わって骨身を削る苦行をなされた」**のである。

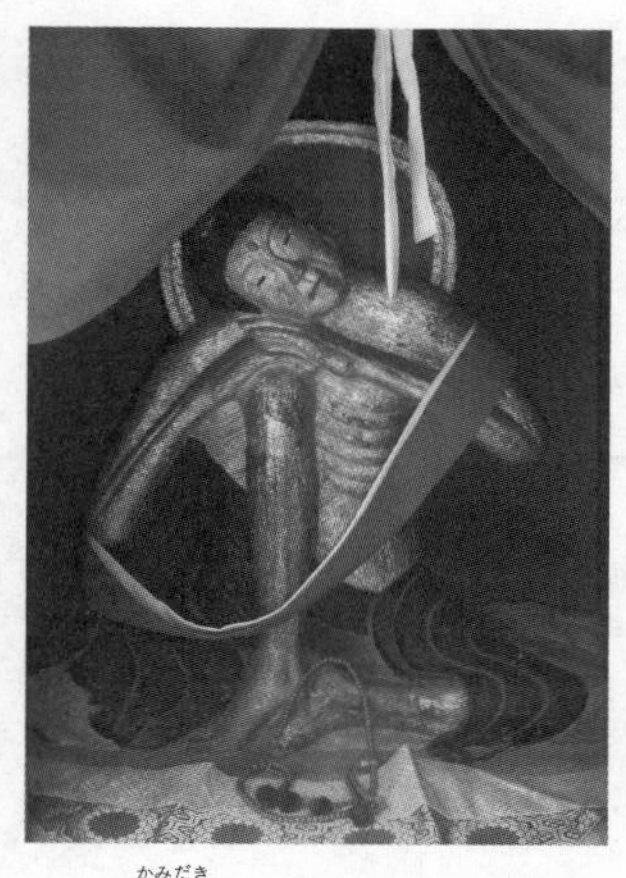

富山市上滝の路傍に祀られたやせ仏（法蔵菩薩五劫思惟像）

その感謝報恩の思いが「やせ仏」像に向けられたのだろう。結果、三河（現在の愛知県東部）の真宗門徒をして、賽銭の雨を降らせたと考えられるのだ。

地獄から甦った小野篁が彫り上げた高貴と洗練の異相

六臂地蔵像（京都府京都市・智恵光院蔵）

智恵光院通という通りの名称にも冠されるこの寺は、五摂家（鎌倉時代中期に成立した藤原氏嫡流）のひとつ**鷹司家の始祖・兼平が、自家の菩提寺として創建した名刹**で、かつてはいくつもの塔頭寺院（大きな寺院の敷地内にある独立寺院）を擁したという。

今は訪れる人も少なく、住宅街に埋没してしまった印象だが、本堂に向かって左にある地蔵堂は、立派な拝所を備えた趣ある佇まいだ。おそらく往時には参拝者が引きも切らなかったのだろう。

実に、そう思わせるだけのホトケがお堂のなかに安置されているのだ。

六つの掌は、正面の合掌のほか、錫杖、香炉、幢幡、宝珠を持つ。見るからに、明るくきらびやかなお地蔵さま

六臂(ろっぴ)地蔵という。
文字どおりに六本の腕を有して直立している。首から掛けられた涎掛け(よだれかけ)は庶民のホトケならではだが、それが邪魔に思えるほど優美華麗な衣装をまとい、こちらに視線を向けるお顔は厳かさに満ちている。**日本唯一といわれる多臂の地蔵像**ながら、容貌の高貴さと洗練された造作からか、さほど違和感を感じさせないのが不思議だ。六臂の理由を、寺伝はこう伝えている。

「小野篁(おののたかむら)が、各地の六地蔵をそれぞれ巡礼するのも大変であり、これら六体を一体に刻んで礼拝すれば功徳も非常に大きいだろうと考え、六地蔵それぞれの腕を取り入れた六つの手をもつ尊像を、一刀三礼(いっとうさんらい)で彫り上げた」

小野篁は平安時代初期の公卿(くぎょう)・歌人で、一度息絶えて冥土(めいど)に行き、そこで生身(しょうじん)の地蔵菩薩を拝して甦(よみがえ)ったと伝わっている。このため、京都の名だたる地蔵像の多くに小野篁が関わっており、「京都六地蔵めぐり」の六所の像は、篁自身が地獄からの甦りのあと、一本の木から彫ったものとも伝えられている。
伝説はともかく、六地蔵の本来の意味は、衆生が輪廻(りんね)を繰り返す境涯である六

六道にいる者を救済することから派生した六地蔵の功徳を
一体に集約させたありがたい像は、このほかに知られていない

道それぞれを管掌することにある。

通常は六体が並べられ、祀られていることが多いが、この像のポイントは、そんな六地蔵の功徳を一身に集約させ、合掌手以外の手に、錫杖、香炉、幢幡（旗）、宝珠といった六地蔵のシンボルを持たせた点にあるのだ。

もうひとつ気になったことがある。**地蔵像の脇に雲に乗ってあらわれている二十五菩薩の存在**だ。

これらは通常、臨終の際に極楽浄土から阿弥陀如来とともに迎えに来る菩薩の一団としてあらわされるものである。地蔵尊とセットで祀られる例は、（少なくとも筆者は）ほかに知らない。

確かに、地蔵尊は極楽浄土への往生にあずかれない凡夫をも救う存在とされ、来迎の相であらわされることもある。それが阿弥陀仏と同じく二十五菩薩とともにお迎えに来るとなれば、六臂地蔵の救済力はもう完璧というほかないのだ。

尽きぬ霊験譚！クスノキの巨木とともに生きる地蔵菩薩

生木地蔵尊（香川県観音寺市・生木地蔵堂内）

香川県の西端、観音寺市大野原町。地図を頼りに「生木の地蔵さん」を探し歩き、引き寄せられるようにこんもりした森に入っていくと、そこは森ではなく、一本のクスノキだった。樹高は三十メートル、幹周は十メートルにもなり、四方八方に枝を伸ばしている。

推定樹齢は千二百年とも千三百年ともいわれ、その周囲には、巨樹に寄り添うようにおびただしい数の墓石が立ち並んでいた。

巨樹を背負うようにして建つ建物には、「生木地蔵堂」と書かれた表札があった。堂内の供物が山と積まれた仏前にはガラスが張られ、円い窓が開けられている。その先に見える地蔵菩薩像は、楕円形に穿(うが)たれたクスノキのウロ(樹洞)の内部に納まっていた――。

「生木の地蔵さん」とは、文字どおり**「生きた木に彫られた地蔵菩薩像」**である。正確には、「彫り抜かれた」というべきか。現状、その足許は装束に包まれて見えないが、堂内にある古い写真では、地蔵像の足許は本体の木とつながって一体化していた。

だとすれば、「木とともに生きている地蔵菩薩」といったほうがより的確かもしれない。

像高は五尺(約百五十センチ)。その〝窓枠〟にあたる樹皮の上部が、ザクザクと削り取られているのは、木の生長とともに、放っておくと樹皮が空洞を閉じようとするためだ。「生木の地蔵さん」は、常に母体であるクスノキの生長・自己修復力とのせめぎ合いにあったのである。

観音寺市にある生木地蔵尊。願いごとをすれば、
なんでも叶う地蔵尊として、県外からも参拝者を集めている

また、「生木であるために少しずつ（像の）身長が伸びており、現在までに十センチほども御丈が高くなっております」と説明書にある。

樹木の生長メカニズムからすれば考えにくいことだが、**「木とともに生きるホトケ」**であれば当然と理解されたのだろう。

一方、墓場に根を張り、墓石を守るように枝葉を伸ばすクスノキは、**「地中から霊魂を吸っており、伐れば血の出る霊木」**として崇められたという。そんな霊木に彫られた像であればこそ、霊験をあらわすと考えられたのかもしれない。


「生木地蔵縁起」にはこんなことが書かれていた。

——天保七年（一八三六）の秋、大野原村と中姫村の境にあるクスノキの大木に向かって一心にノミをふるうひとりの老人がいた。名を森安利左衛門といい、この年、病弱だった十八歳の一人娘ナオの病気平癒を祈願し、四国霊場八十八箇所の巡拝の途中、伊予（現在の愛媛県）で大木に彫られた仏像に心を打たれ、自分も帰ったらこの霊木に地蔵尊を刻もうと発心した。

以来毎日、利左衛門は斎戒沐浴（飲食や言行を慎しみ、身を清める）して一刀三礼、幹の奥深く彫り刻んだ。木の洞からは、絶えず老人の唱える般若心経が響いていたという。

こうして翌年、彫り始めから三カ月ほどで、身の丈五尺（約百五十センチ）ほどの地蔵菩薩が完成した。

地蔵尊の霊験はあらたかだった。利左衛門の死後も、病弱だったナオは生き続け、大正八年（一九一九）十一月、百歳の長寿をまっとうしたという。

その〝事実〟は、ナオの死から百年近く経った現在も色褪せていない。

参拝者は近隣はもとより香川県内、さらに県外からも多く訪れ、**霊験譚は枚挙にいとまがない**という。

悲劇のヒロイン「八百屋お七」の往生の瞬間をあらわした姿

お七地蔵像（東京都目黒区・大圓寺蔵）

「みかえり阿弥陀像」（168ページ）とは別の、もうひとつの気になる「みかえり像」に注目してみたい。

東京・目黒の大圓寺（だいえんじ）の阿弥陀堂。堂内に入ると、飛来する二十五菩薩を従えて来迎する阿弥陀三尊像（さんぞん）が劇的な空間を形づくっている。

しかし、ここを訪れたときに、一点だけ違和感を覚えるアイテムがあった。中尊・阿弥陀仏の向かって左手前に立つ地蔵菩薩の像である。なぜなら、正面を向いたほかの仏菩薩らとは視線を違（たが）え、ひとりだけ彼方（かなた）の方向を向いているのだ。

あとでふと気になり、同寺のパンフレットを見ると、**「お七地蔵」**と記されて

正面から見たお七地蔵。視線の先から本像を見上げると、
今生（こんじょう）の別れを告げ、名残惜しそうに見つめる姿にも見えてくる

いた。
お七とは、歌舞伎や芝居で知られた「八百屋お七」のことであるという。
よく知られたこんな話である。

天和の大火（一六八二年）で焼け出され、親とともに駒込の円林寺に仮住まいしていた江戸・本郷の八百屋の娘・お七が、寺小姓の吉三に恋をした。恋心を募らせたお七は、吉三会いたさに翌年自宅に火をつけたため放火の大罪で捕縛され、市中引き回しのうえ、鈴ヶ森刑場で火刑に処せられた――。

登場人物の名前や話の筋はさまざまなバリエーションがあるが、ともあれ、ここで注目してみたいのは寺小姓の吉三である。
お七の処刑後、吉三は僧となり名を「西運」と改め諸国を行脚。のち目黒・行人坂の明王院に入り、お七の菩提を弔うため、往復十里（約四十キロ）の道のりを浅草観音まで夜から明け方にかけて鉦（鐘）を叩き念仏を唱え、隔夜日参り一万日の行を発願。二十七年五カ月かけてこれを成し遂げたという。

そして満行の夜、お七が西運の夢枕に立ち、自分が成仏したことを告げたといわれる。

「お七地蔵」とは、実にこの夢にあらわれたお七の姿であった。つまりこの像は、**西運に最後の言葉を告げる場面**なのだ。

そう聞けば、慈しむような眼差しを左下に向ける姿は、どこか女性的であり、わずかに口を開け何かを告げているようにも見える。


明王院は明治になって隣接する大圓寺に吸収され（明王院の跡地は現在、目黒雅叙園の一部となっている）、本尊ともに現在の阿弥陀堂に移されているが、住職によれば、この阿弥陀三尊像はお七地蔵に合わせて造られたものだという。

お七地蔵の視線の向きに移動してみた。向かって右側の低い位置から像を見上げると、お迎えの仏菩薩が到着し、仏弟子となったお七が今まさに浄土に往こうとするさまに見えてくるのであった。

「みかえり（る）」という言葉には、「後ろを振り返って見る」のほかに、「心にかける」、「めんどうをみる」といった意味があるという。

「みかえり地蔵」は、石仏ではいくつか像例が知られているが、それらはいずれも**「救い漏らした人（その多くは子ども）がいないかを何度も確かめている姿」**であるという。

お七地蔵の場合は〝見立て地蔵〟であり、この例にはあてはまらないが、いずれにせよ、往く者と送る者との別れをめぐるドラマがその姿に反映されているのは変わりがない。

だからこそ、「みかえり像」は観る人の心をも揺さぶるのだ。

愛され、崇められて菩薩になった猫

猫面地蔵尊（東京都新宿区・自性院蔵）

愛猫家の聖地が東京都新宿区西落合にある。西光山自性院という。こちらでは年に一度、二月三日の節分会に合わせて**秘仏の猫地蔵**が開帳されている。

その日、境内の猫地蔵堂前にはすでにたくさんの参詣者が列をなしていた。

堂内はまさに猫だらけ。中央に地蔵菩薩の立像が立ち、その周辺に寄進された大小の招き猫ほか猫オブジェの数々が並ぶ。そんななか、正面手前に二基の木製の厨子があり、秘仏の石像「猫地蔵尊」と**「猫面地蔵尊」**が開扉されていた。

より古い前者は、かつて表に出され、無数の人の手に撫でられた結果、ほとんど容姿をとどめていないようだ。前掛けと綿帽子に覆われ、わずかにお顔があらわれているが、口許あたりが何となくそれらしさをとどめている。
ともあれ猫地蔵尊は、室町時代後期の江戸城主・太田道灌ゆかりの由緒ある像という。伝説では、豊島氏と相まみえた江古田原の戦いの折り、日が暮れて道に迷った道灌の前に黒猫が一匹あらわれ、当院へと導いたという。ここで危難を逃れ、その後の大勝利につながった奇縁から、道灌はその猫を大切に養い、その像を当院に奉納したと伝えられている。

一方、明和九年（一七七二）の銘がある「猫面地蔵尊」（左の写真）はこう伝わる。

かつて小石川の豪商の息女で、守女という貞女・孝女の誉れ高い女性がいた。その亡きあと、**守女の菩提を弔い、その徳を讃えるため、生前猫をこよなく可愛がっていたことにちなんで猫面の地蔵が刻まれ、当院に奉納された**という。

聞けば、当時は流行神的な人気を集めたらしい。境内には「三味線になった」猫の供養のために花柳界の女性らが建てた猫塚もあり、自性院はずいぶん昔から、

自性院の「猫面地蔵尊」。女性のような長い後ろ髪と猫面。
右手に念珠、左手に宝珠を持つ姿はまるで菩薩のよう

猫信仰者の〝約束の地〟だったことを物語っている。

取材時に、厨子から出して綿帽子と前掛けも外した形で撮影させていただいた。そして改めてその不思議なお姿に感じ入った。確かに、鼻のあたりやヒゲはまったくネコのそれだが、後頭部は女性の髪のようにも見える。また、右手に念珠（一般に地蔵尊の場合は錫杖）、左手に宝珠を持ち直立する姿は、菩薩の姿といっていいだろう。おそらく唯一無二の像容である。

先に紹介した縁起によれば、正確には猫面の貞女を尊顔にいただく菩薩像といえるかもしれない。

明和の当時、このような異種同体像を生み出すほどの信仰の気運があり、それが熱烈に支持されたわけである。そしてその余波は、現在もつづいている。

6章

日本で「変身を遂げた」天部の神々

……人々の信仰と願いが造り上げた変相像

仏教に取り込まれた異国の神々を、「天部」と総称している。

天とは、仏教でいう六種の世界（六道）のひとつで、その境涯に住まうとされるインド由来の神々を「天部の諸尊」などと呼ぶ。

具体的には、多聞天（毘沙門天）をはじめとする四天王や大黒天、弁才（財）天、吉祥天など、尊名に「天」がつくもののほか、阿修羅や鬼子母神（訶梨帝母）なども含まれる。いずれもバラモン教やヒンドゥー教で祀られた神々である。

これらの神々は、仏教に帰依して仏と仏法、および僧侶（三宝）の守護を担う存在とされている。そして、密教など祈禱を行なう宗派では、これらの神々を本尊として祀るとともに、祈りの場に召喚してコミュニケーションを取り、もろもろの祈願を行なう修法が継承されている。

なお、その祈願が個別具体的であればあるほど、天部の神々（あるいはその眷属）の出番であるという。なぜなら、彼らは固有のキャラクターをもち、さまざまな御利益と直接かかわる存在だからだ。

誤解を恐れずにいえば、**天部の諸尊は、仏（如来）や菩薩といった抽象度の高いホトケより、人間に近しいスタンスからダイナミックな霊験を発揮する神々**といってもいい。ある意味、働いてナンボの尊神たちである。

それは、彼らの容姿を見ても明らかだろう。鎧や兜に身を包んだ武装形や女神形、鬼さながらの形相の者もいて、さまざまな武器や象徴物を手にしており、いつでもスタンバイOKなのである。

ただし、祈る側に失礼があれば容赦しないともいわれている。

したがってわれわれは、（行者を介して）真心から崇敬し、供物を欠かさず、礼節を尽くさなければ、味方になってはくれないのである。

そんな人に近しい仏神であればこそ、ときに日本人の歴史や信仰風俗にアジャストした異相もあらわれる。この章で紹介するお像は、そんな味わい深い（ときに恐ろしい）尊神たちである。

「三神和合」の円満相は何を意味しているのか

三面大黒天像（東京都中野区・宝泉寺蔵）

東京都中野区の宝泉寺にある大黒天像。小槌を手にし、大袋を担ぎ、米俵に乗るお姿は紛れもなく大黒天だが、お顔が「へん」だ。「寄せ絵」的な手法というべきだろうか、**正面を向いた顔と左右からの横顔が合体した容貌**なのだ。一般に知られる「三面大黒天像」とも異なる、見たことのない像容である。

この像を『中野区の仏教美術』という図録で発見したのだが、そこに付されていたのは「江戸時代（後期）、双頭風にあらわす」というそっけないコメントのみ。ご住職も「縁起由来は聞いておらず、さっぱりわからない」と首を傾げる。

住職が代替わりし、拝まれなくなった像は、その意味さえ忘れ去られる。そう

ひとつの顔に正面を向いた顔と
左右からの横顔の３神が合わさった、何ともユニークな像容

なれば、せっかくのお像に申し訳ない気にもなるところだが、住職のひと言が思わぬヒントになった。

「ウチは以前、（神奈川県）南足柄市にある大雄山最乗寺と関係が深かったようですが……」

念のためと調べたら、何と同様の像が最乗寺に伝わっていた。

最乗寺のホームページによると、**「三面大黒天（箱根明神・矢倉明神・飯沢明神の三明神が一体に刻まれている）を奉安している」**とある。

つまり、「寄せ絵」的な尊顔は、この**三明神の合体像**だったのだ。ここで、一般的な三面大黒――大黒天・毘沙門天・弁才（財）天が合体冥合――とは異なる独自の三面大黒天信仰が、当山に伝えられていたことを知った。

ある郷土史家の方が、その由緒を読み解いてくれた。

「室町時代に最乗寺が開山したとき、この地域の神である矢倉明神（足柄神社の祭神）と飯沢明神（南足柄神社の祭神）が率先してそれを助けたという伝説が残っています。

具体的には、矢倉神が薪（まき）を、飯沢神が米を持ち寄った。そして、もうひとつの箱根明神は水を与えたと。この山の水源は、山奥の高所にありながら奇跡的に水量が豊富なのですが、実は近年の調査で、その水脈が箱根の芦ノ湖（あしのこ）から来ていることがわかった。伝説が裏づけられたわけです」

つまり、この三神和合の円満相は、**「米」と「薪」と「水」という貴重な生活財によって禅刹（ぜんさつ）（禅宗のお寺）に集う修行僧らを守護する頼もしい象徴**だったのである。当然、大雄山を詣でる崇敬者らにも身近で有用な御利益神として崇められたにちがいない。

その像がいくら全身でメッセージを発しても、無関心のまま放っておかれれば、存在しないのも同然である。その面目を明らかにすることができた気がして、やや安堵する思いを抱いたのだった。

アメリカで誕生したビリケン像が日本で大黒天と合体！

松福さま（兵庫県神戸市・松尾稲荷神社蔵）

ビリケン像が最初にアメリカで誕生したのは、一九〇八年のこと。翌年に石膏（せっこう）製ビリケン人形をアメリカとカナダで売り出したところ、たちまち大ヒットとなり、やがて世界を席巻。同年、日本にもやって来た。

その三年後には、「近頃は何処（どこ）の家でも、ビリケン大明神と、諸々（もろもろ）の八百（やお）よろずの神様を食客（しょっかく）（居候（いそうろう））扱いにして、珍重（めずらし）がる始末」（「都新聞」明治四十五年三月三十一日付）と書かれるほどの大ブームになっている。

そもそも、ビリケン像はなぜあのような風貌だったのか。

神戸市・松尾稲荷神社の奥の院に祀られた「松福さま」。
いつの間にか「なで仏」となり、ところどころ剝げかけている

伝説では、作者フローレンス・プリッツの夢の中にあらわれた存在だったといわれるが、そのモチーフについては、中国人起源説、先住民イヌイット起源説など諸説あり、定説をみない。思いっきり奇妙な風貌が〝人ならぬ妖精〟のようなキャラとして功を奏したのかもしれない。

日本では当初、アメリカ・ビリケン社製の石膏像が出回っていたが、ほどなく国産の「ジャパニーズ・ビリケン像」が登場したらしい。伝えられている図によれば、大判を背負い、打ち出の小槌を手にし、米俵二俵の上に両足を投げ出すというお姿だった。そう、**ビリケンは日本で大黒天と合体した**のである。

その製品は現存していないが、「ビリケン大黒」の像は神戸市兵庫区の松尾稲荷（まつおいなり）神社にあった。

当社の本殿裏の一画、ロウソクや線香が立つ祭壇の奥に、尊像は赤い前掛けをして御鎮座していた。確かに大判、米俵、小槌をともなう大黒天形で、左手には珠（たま）らしきものを持っている。

ただ、全体的な特徴こそビリケンのそれだが、鈍く黒光りする肌、波打つ半開きの大口、やや開いた瞼など、よく知られる大阪・通天閣のそれとはやや異なる異様な存在感である。

「聞くところでは、大正の末頃、神戸の元町で洋食屋さんをやっているご主人がこれを造らせて店頭に置いたものの、連日大変な人だかりでかえってお客が入りづらくなり、ご主人が当社に預かってほしいと言うてきたそうです」（松尾稲荷神社・長山竹之宮司）

当時の宮司は、「アメリカのもんであっても、神さんという限りちゃんとお祀りせな」と、その像を引き取り、神社の入り口に置いたという。すると「手を合わせ、お像を触られる方がどんどん増えていった」。

結果、当社の〝奥の院〟に奉安されたお像は、社名の〝松〟に〝福〟の字を加えた**「松福さま」**と呼ばれ、親しまれてきた。

「参拝者が線香をあげて拝んでいくため、線香の油煙と人々の撫でる行為が重なってこんな風貌になりました。もとは朱色だったんです」（長山宮司）

松福さまはやがて**「なで仏」**となり、**参拝者が自分の悪いところを撫でると病が治る**として崇められた。さらに、ある霊能者が「この神さんは子どもの神さんや」と言いだして、それからは子どものオツムが賢くなりますようにと頭を撫でる人が増えたという。

こうして「松福さま」は、客寄せアイテムから福の神へ、さらに病気治しの神、子どもの神、勉強の神へと神格を広げていった。

「当社に祀られることで、神仏と変わらぬ信仰の対象へと変化していったのです」と、長山宮司。**「信仰は人間がつくっていくもの」**なのだとつくづく感じ入った次第である。

「開眼されないまま完成」した不可思議な像

兜跋毘沙門天立像（滋賀県長浜市・己高閣蔵）

仏像に魅入られる。そんな体験をした例のひとつが本像である。

筆者の場合は、造形の巧拙にかかわりなく、その像が造られた背景や意図が自分の想像を超えている場合に、そんな状態に陥りがちである。要するに、「何なんだこの像は？」である。

219ページの写真では、全身の像容をお伝えできないが、**兜跋毘沙門天立像**（とばつびしゃもんてんりゅうぞう）である。所蔵は滋賀県長浜市木之本町（きのもとちょう）の己高閣（ここうかく）。琵琶湖の北に位置する山岳霊場、己高山鶏足寺（こだかみざんけいそくじ）の遺宝を納めた収蔵庫に奉安されている。

平安時代初期のケヤキ一木造（いちぼくづくり）で、素地仕上げ、像高百六十二センチの等身像である。

ファインダー越しに拡大された尊顔を凝視し、モニターで確認したあと、改めて肉眼で凝視する。こうして拝見すればするほど、文章にすれば意味不明なつぶやきが口を衝いて出るのだ。

〈そこに目はないが、確かにそこに目がある――〉

平安時代の一木造、素地仕上げの像には、ときに荒いノミ目を意図的に残したり、一部を彫り出さずあえて未完成のままになっている像がある。

美術史家の故・井上正氏によれば、それらは、霊木からホトケが化現する過程をあらわすひとつの様式であるという。

本像の場合、傷みの激しい下半身や地天女（兜跋毘沙門天の足許を両手で支える大地の女神）などは、ざっくりとした彫りを思わせるが、顔面部は全体になめらかに仕上げられている。ところが、眼球の膨らみをかたどるのみで、両瞼の

兜跋毘沙門天立像（己高閣蔵）。あえて彫出されていない眼が
「見るのではなく観ぜよ」と、しきりに訴えかけてくる

縁が彫出されていない。いわば、**開眼されていない像**なのだ。僧職、あるいは仏像に詳しい方にはいうまでもないが、仏像の開眼は御魂入れとセットで行なわれる。

では、この像が未完成なのかといえばそうではなく、ご覧の通り、左右の眼にあたる部分に小円を結ぶ木目があり、それが波紋のように広がって両頬の膨らみをも描きつつ、顎のほうに流れ、顎先でふたたび小さな円弧を結んでいる。まさに「木目をして描かしめる」仏像なのである。

おそらく、用材から大まかな形を削り出す「木取り」の時点で、仏師にはこの尊顔が〝見えて〟いたのだろう。木に対する観察の確かさといえばそれまでだが、そこに巧まざる意図のようなものを感じる。

見逃せないのは、**あえて目を彫出せず、木目によって観じさせることで、用材とホトケが不離一体のものであることを見る者に強く意識させている**ことである。本像は神威に満ちたカミ＝霊木そのものであり、またホトケでもある。霊木の化現をあらわすうえで、これ以上説得力のある表現はないかもしれない。

もちろん、それが兜跋毘沙門天だったことには意味がある。その像例は平安時代の初期に唐から伝えられたといい、平安京羅城門の楼上に安置された東寺の像が最初だったという。

いわば王城鎮護・怨敵退散の守護神であり、京都以外では、蝦夷討伐の最前線だったみちのく岩手や、鎮西の拠点・福岡の大宰府などに残されている。己高山に本像があったのも、そこが平安京の北東（艮）鬼門ラインの延長線上に位置し、東夷と接する伊吹山地の霊場だったことと無関係ではあるまい。

つまり本像は、眼をあらわさずして夷敵に睨みを利かせる霊験像だったと思われるのである。

「みちのく」と「毘沙門天」の深い因縁とは

藤里毘沙門天立像（岩手県奥州市・愛宕神社蔵）

もう一つ、「兜跋毘沙門天立像」についてご紹介したい。

その前に、毘沙門天と東北の関係について触れておこう。


みちのく岩手に、特殊な「毘沙門天信仰」が伝わっているという。

読み解くうえでキーワードになるのは**「坂上田村麻呂」**（さかのうえのたむらまろ）と**「蝦夷」**である。

毘沙門天は、もとは闇黒界（あんこくかい）に棲まい、夜叉（やしゃ）、羅刹（らせつ）（鬼）を従えた鬼神の頭領とされ、やがて仏法に帰依し、最強の守護神になったといわれる。

また、平安京の守護神としても知られ、都の北方には毘沙門天を祀る鞍馬寺（くらまでら）が、都の正門となる羅城門には唐から請来されたばかりの兜跋毘沙門天が睨みを利かせていた。

そんななか、中央の人間からすれば夜叉のごとき存在と思われていた蝦夷を平定した田村麻呂は、**「生ける毘沙門天」そのもの**とみなされた。

こうして、蝦夷征討の記憶が残る岩手に、毘沙門天を祀る社寺が各所に建てられた。その場所の多くは、蝦夷軍と朝廷軍の激戦地および最前線だったという。

そんな東北の毘沙門天のなかでも、注目すべき像例のひとつが、かつての岩手県江刺市（現・奥州市）東部の藤里地区、リンゴ畑に囲まれた愛宕神社の境内に残されている兜跋毘沙門天立像だ。

本像は、鉈彫りと呼ばれる特殊な技法（115ページ）で造作された像としても知られている。

この鉈彫りだが、かつては仕上げを放棄した未完成の像とみなされていたが、現在は、霊木から神仏があらわれる瞬間を表現するために、あえて用いられた手法とも考えられている。重要文化財に指定されている本像も同様で、胴体部分のノミ跡は横向きにきれいに整えられ、様式美を感じさせるほどだ。

注目すべきは、足許を支える地天女がより荒々しい彫り跡を示しているのに対し、毘沙門天の顔のみ平滑(へいかつ)に仕上げられている点だ。つまり、**〈地面から湧き出した未形成の存在が徐々に姿をあらわし、ついに毘沙門天の尊顔をあらわした〉瞬間を表現している**と考えられるのである。

それは毘沙門天の荒々しい霊威(れいい)を、直截(ちょくせつ)に意識させる演出でもあっただろう。

ちなみに、像高は百七十六センチで、五尺八寸と伝えられる坂上田村麻呂の身長と符合しており、この地では**「大将軍の等身像」**として崇められている。

10世紀末〜11世紀初頭の作（重要文化財）。一木造の毘沙門天立像のなかでは日本最大級の像

母か夜叉か――「切なくも恐ろしい」姿

鬼形鬼子母神像（東京都品川区・真了寺蔵）

江戸・東京の神仏を探索していくなかで注目したひとつが、鬼子母神像だった。なかでも、怖ろしげな表情の「**鬼形鬼子母神**」像が存外に多い。そのいずれもが江戸期以降に造られ、日蓮宗の寺院に奉安されているものだった。

しかし、古来、経典や儀軌などのテキストや手本となる諸伝に沿ってあらわされてきた鬼子母神（梵名・訶梨帝母）はそうではなかった。

すなわち、豊麗円満な天女が宝冠をかぶり、瓔珞ほかのアクセサリーで身を飾り、左腕で幼児を抱き、右手に吉祥果（ザクロ）を持って慈愛の眼差しを向けるというものだ。そしてその像容にふさわしく、子育て、安産の守り神として信仰されてきた。ところが、江戸期に入り、日蓮宗徒の間でその像容を一変させる動きがあらわれた。

もともと鬼子母神は、『法華経』では法華経信奉者を守護し、その弘通（布教）を妨げる者の処罰を誓うとされていたが、当時、**弘通の手段として独自の祈禱法に力を入れていた宗門は、守護神像に邪宗を打ち破る力強さを求めるようになったらしい。**結果、いつしか鬼形の鬼子母神像が感得され、修法師（加持祈禱を修する行者）の本尊として定着するのである。

ところが、それともまた異なる像容が伝えられていた。それが東京都品川区・真了寺像である。

頭上に角を有し、乱れ髪を右手で摑みながら、大きく裂けた口を開いて歯牙を剝き出しにする、ものすごい表情。着衣ははだけて乳房を露わにし、鬼児を左手で引っ張っている。専門家によれば、これも近世の〝鬼形化〟の流れのひとつで、「関西系の鬼子母神」とのことだが、その意図とは無関係に、筆者は経典にある鬼子母神（訶梨帝母）の説話の場面に引き戻される気がした。

——夜叉毘沙門天の部下、般闍迦（パンチーカ）の妻訶梨帝（ハーリテイー）は、五百人の子の母でありながら、常に他人の子を捕えて食べてしまうため、釈迦は彼女がもっとも愛していた末子・愛奴児（ピンガーラ）を隠して子を失う母親の苦しみを悟らせ、仏教に帰依させた。以後、訶梨帝は仏法の護法善神（ごほうぜんじん）となり、子どもと安産の守り神となった（『雑宝蔵経（ぞうほうぞうきょう）』）。

この像の連れ子は、おそらく件の愛奴児だろう。説話にいう訶梨帝母の振る舞いが、愛児を溺愛するがゆえの妄執（もうしゅう）だと解すれば、このわれを失った、しかしどこか哀しげな忿怒（ふんぬ）の表情こそ、伝説に登場する夜叉女そのもののように見え、人間の奥に潜む闇を垣間見る思いがするのだ。

東京都品川区・真了寺の鬼形鬼子母神像。子を溺愛するがゆえにわれを失ってしまった怒りの表情が何ともいえない

「悪魔の力を身につけた」厄除けの星神さま

天刑星像（埼玉県春日部市・上願寺蔵）

これも見たことがない像である。だが目が釘付けになる。

両手の第二指を胸前で立てる不思議な印相（いんぞう）、緑の肌色、背中から生えた色鮮やかな翼、頭上にいただく（鬼を思わせる）牛頭。こちらを凝視する吊り上がった眼。

近年修復が施されたというが、もともと江戸期以前にさかのぼる古いお像ではないようだ。何ともミステリアスな像容で、ダークヒーローを思わせるその風貌は、スタイリッシュですらある。

翼をもつという点では、各種天狗（てんぐ）像や飯縄（いづな）・秋葉（あきば（は））の権現などと同じだが、だいぶ印象が異なる。まったく類例が思い浮かばないが、それもそのはず、所蔵する春日部市上願寺の藤川竜光住職も、「これをお祀りするのは、日本中でもウチだけではないか」と言う。ともあれ住職は、師匠にあたる祈禱僧の羽田守快師より、本像とその供養法を写したテキストを伝授されたのだという。師から伝えられたその尊名は、**「天刑星」**だった。

その不思議な像容には典拠があった。あらゆる諸仏・諸神の図像を網羅した江戸時代の『仏像図彙』に、「天刑星」として同様の図像（手印は異なる）があり、**「簠簋ニ云（う）、牛頭天王（の）前身也」**と書かれていた。

ここでいう〝簠簋〟とは陰陽道の聖典のことで、牛頭天王とは、京都八坂の祇園会の主祭神として知られる疫病除けのカミである。あえてカタカナで「カミ」と書いたのは、牛頭天王が神道とも仏教とも陰陽道とも融合する混淆神だからだ。

すなわち、神官は牛頭天王をスサノオと同体といい、仏僧は薬師如来の権化（衆生を救うための仮の姿）といい、そして陰陽家は、天を司る天道神とし、道教の天刑星（天罰を下す神）と同一視したといわれている。

一般にはあまりに馴染みのない世界だが、とりあえず、天に棲まう星神ゆえに翼をもち、牛頭天王と同体（あるいは前身）であるがゆえに、それを象徴する牛頭をいただいているお姿なのだと理解しておこう。

中国の道教とその日本的展開である陰陽道の星神観では、天刑星は歳星（木星）であり、暴れん坊の悪神であるという。

藤川住職は言う。

「その供養法が書かれた『天刑星供』によれば、病難をもたらすのは天刑星、男女の愛敬を妨げるのも、父母への孝養を妨げるのも天刑星だと。要するに諸悪の根源が天刑星だから、一切の願いを叶えたければ、天刑星を供養せよと書かれているんですね」

なお、羽田師の流派（天台寺門宗）は、道教と陰陽道のエッセンスを取り込んだ宿曜占星術を伝えている。それにより上願寺では、その人の生年月日時より算

牛頭天王と同体（あるいは前身）とされ、さまざまな災厄をもたらすという星神・天刑星

出された星の位置にもとづく、大凶運期（破門殺）の災い除け祈禱の本尊として天刑星が用いられているという。

悪神なのに、こんなスタイリッシュなお姿なのはなぜだろう。

そんな素朴な疑問を羽田師に問うてみたところ、「日本のカミ信仰はだいたいそういう構図でしょ。祟りや災厄をもたらすパワーのある神を崇め、なだめ鎮めて善神にする。この天刑星像は、いわばアニメの『デビルマン』みたいなものですよ」とのこと。

なるほど――。「悪魔の力を身につけた」神を、「正義のヒーロー」へと祀り上げたお姿が、これだったのか。

ちなみに、この星神と結縁するための秘呪（真言）は以下のとおりだ。

「オン・バタクタ・アダウンシッチ・アギテイ・ウンウンソワカ」

おわりに――これまでに出会った「すべての尊像」にリスペクトを込めて

国宝・重文の仏像に言葉はいらないが、異相の神仏像には語るべき理由がある。なぜそのようなお姿なのか、なぜそのようなディテールなのか、そもそもなぜそのような像が祀られているのか。この目で拝さずにはおられない、その理由を探らずにはおられない。いてもたってもいられない――。

こうして出会った神仏像のなかには重要文化財もあるが、美術史的な価値基準では歯牙にもかけられない像もある。寺の住職から忘れられたままになっていた仏像もある。

しかし、**これらの像には明らかな存在理由があった。**こういう姿でなくてはならない理由や、造顕(ぞうけん)され、祀られなければならなかった理由が。もちろん、由緒も何もはっきりせず、筆者が勝手にこうだろうと想像したにすぎないものも多いが、取材を通じて深く得心することも多かった。

そんなとき、神仏像が全身で訴えかけているメッセージをようやく聞き取れたような気がして、じわりと安堵する。知られざる神仏像には、知られざる人々の願いや祈りが込められていた。通り一遍ではないお像には、やはり通り一遍ではない信仰が宿っていたのだ。

そんな出会いをもたらしてくれた尊像に、改めてリスペクトを捧げたいと思う。

神仏探偵　本田 不二雄

写真協力

◆染谷學：「獏王像」（口絵・41・42ページ）◆杉本保夫：「覆面千手観音像」（75ページ）◆興禅寺：「牛頭天王像」（51ページ）◆武井一座：「役行者像」（135ページ）「前鬼・後鬼・白専女像」（136ページ）◆三重県四日市市：「四足八鳥観音像」（85ページ）◆中里和人：「藤里毘沙門天立像」（225ページ）◆尾田武雄：「法蔵菩薩五却思惟像」（185ページ）◆本田不二雄：「摩耶夫人像」（口絵・19・20ページ）、「菩薩頭部像」（27ページ）、「隠れキリシタンの秘仏」（31・33ページ）、「妙見菩薩像」（35ページ）、「夔神像」（45ページ）、「夔神の絵馬」（49ページ）「長谷観音像」（59ページ）、「立木銀杏観音像」（65ページ）、「観音菩薩立像」（口絵・69ページ）、「谷汲観音像」（79ページ）、「聖観世音菩薩像」（83ページ）、「田光り観音像」（89ページ）、「大杉大明神神面」（口絵・95ページ）、「愛敬稲荷像」（101・103ページ）、「奪衣婆像」（口絵・105ページ）、「姥尊像」（109ページ）、「白山女神立像」（113ページ）、「ほだれ大神」（117・118ページ）、「芦ノ尻の道祖神」（口絵・123・124ページ）、「山の神像」（127・129ページ）、「元三大師坐像」（141ページ）、「弾誓仏立像」（145ページ）、「於竹大日像」（149ページ）、「とうがらし地蔵」（155ページ）、「小野小町百歳像」（161・163ページ）、「阿弥陀如来立像」（表紙カバー・169ページ）、「万治の石仏」（174・175ページ）、「五劫思惟阿弥陀仏坐像」（口絵・179ページ）、「五劫思惟の像〈黒ぼとけ〉」（口絵・183ページ）、「六臂地蔵像」（口絵・187・189ページ）、「生木地蔵尊」（口絵・193ページ）、「お七地蔵像」（197ページ）、「猫面地蔵尊」（203ページ）、「三面大黒天像」（209ページ）、「松福さま」（213ページ）、「兜跋毘沙門天立像」（219ページ）、「鬼形鬼子母神像」（229ページ）、「天刑星像」（233ページ）　◆編集部：「しばられ地蔵」（23ページ）

本書は、学研パブリッシングより刊行された『へんな仏像』を、文庫収録にあたり加筆・改筆のうえ、『月刊住職』（興山舎）などに掲載された作品ほか、書き下ろし原稿を含め、再編集し、改題したものです。

かいぶつ いしん
怪仏異神ミステリー

著者　本田不二雄（ほんだ・ふじお）
発行者　押鐘太陽
発行所　株式会社三笠書房
〒102-0072 東京都千代田区飯田橋3-3-1
電話　03-5226-5734（営業部）　03-5226-5731（編集部）
https://www.mikasashobo.co.jp
印刷　誠宏印刷
製本　ナショナル製本

 ISBN978-4-8379-3056-3 C0130

眠れないほどおもしろい「日本の仏さま」

並木伸一郎

仏の世界は、摩訶不思議！ ◆人はなぜ「秘仏」に惹かれるのか ◆霊能力がついてしまう「真言」とは？ ◆なぜ菩薩は、如来と違ってオシャレなのか……etc. 空海、日蓮、役行者など仏教界のスター列伝から仏像の種類、真言まで、仏教が驚くほどわかるようになる本。

眠れないほどおもしろい「密教」の謎

並木伸一郎

弘法大師・空海の息吹が伝わる東寺・国宝「両界曼荼羅図」のカラー口絵つき！ 真言、印、護摩修法、即身成仏……なぜ「神通力」が身についてしまうのか？ 密教の「不可思議な世界」を堪能する本！「呪術・愛欲の力」さえ飲み込む驚異の神秘体系をわかりやすく解説！

知らずにかけられた呪いの解き方

エスパー・小林

土地、因縁、血脈……身近にある「魔」を、あなどる勿(なか)れ！「邪」をはね返し、運気を盛んにする方法を伝授！ ◎「魔」を呼び寄せる空間がある ◎心霊写真―「本当にヤバい霊」の場合 ◎私が女性に真珠、ダイヤをすすめる理由……この本は、「読むお守り」になる！

K30635